대학거부 그 후

정보공유 라이선스

별도의 표시가 없는 한 교육공동체 벗이 생산한 저작물은 〈정보공유 라이선스 2.0 : 영리 금지·개작 금지〉를 따릅니다. 단, 상업적으로 이용하려면 교육공동체 벗과 협의해야 합니다.
freeuse.or.kr/license/2.0/yg_gg

※ 이 도서는 아름다운재단의 2014 변화의 시나리오 스폰서로 제작되었습니다.

대학거부 그 후
— 졸업장 없이 살아가는 사람들

ⓒ 김남미 외, 2014

2014년 11월 28일 처음 펴냄

글쓴이 | 한지혜, 정열음, 박고형준, 민다영, 김해솔, 김남미, 공기, 고예솔
기획·편집 | 이진주, 설원민, 김도연
출판자문위원 | 이상대, 박진환
디자인 | 이수정, 박대성
종이 | 화인페이퍼
인쇄 | 보진재
제작 | 세종 PNP

펴낸이 | 김기언
펴낸곳 | 교육공동체 벗
이사장 | 이상대
사무국 | 최은정, 최승훈, 이진주, 설원민, 김도연, 김기언
출판등록 | 제2011-000022호(2011년 1월 14일)
주소 | 서울시 마포구 성미산로1길 30 2층
전화 | 02-332-0712, 070-4084-0712
전송 | 0505-115-0712
홈페이지 | communebut.com
카페 | cafe.daum.net/communebut

ISBN 978-89-6880-014-6 03330

이 도서의 국립중앙도서관 출판예정도서목록(CIP)은 서지정보유통지원시스템 홈페이지(seoji.nl.go.kr)와 국가자료공동목록시스템(www.nl.go.kr/kolisnet)에서 이용하실 수 있습니다.(CIP제어번호: CIP2014033902)

YOUTH REPORT 001

대학거부 그 후
졸업장 없이 살아가는 사람들

한지혜 | 정열음 | 박고형준 | 민다영 | 김해솔 | 김남미 | 공기 | 고예솔

교육공동체 벗

유스리포트를 펴내며

 청(소)년 담론이 봇물 터지듯 쏟아져 나오던 시기가 있었다. 1990년대 중반, 이른바 '신세대' 담론의 등장과 함께 원조 교제, 가출, 일진, 왕따 문제 등이 사회적 문제가 되었고 이해할 수 없는 '요즘 아이들'을 이해하기 위해 많은 언어들이 쏟아졌다. 하지만 그것들 중 대다수는 지나친 리얼함으로 오히려 현실을 과장하거나 현학적 접근들로 현실에서 미끄러지고 말았다.
 그로부터 20여 년의 세월이 흐른 지금, 청(소)년은 어떤 존재인가. 10대들은 여전히 미래의 희망("우리 아이들을 지켜 주세요")이지만 말 걸기도 무서운 병증의 환자(중2병 현상)이기도 하다. 20대들은 미래에 대한 불안 속에 현재를 살아가는 안타까운 청춘(88만원 세대론)이기도 하지만 동시에 자기밖에 모르는 이기주의자들(20대 개새끼론)이다. 기성세대들의 필요에 따라 마치 정신분열증 환자처럼 다양한 모습으로 호출되는 그들은 20년 전 그때나 지금이나 청(소)년 담론 안에 없다.

한편 세대론에서조차 배제된 자들이 있다. 청(소)년 세대를 특정한 '세대론'이라는 틀에 가두려 할수록 이들의 목소리는 소외된다. 대학 반값 등록금 정책이 정치적 이슈가 될수록 대학을 다니지 않는 청년들의 목소리는 작아지고, 학생인권조례가 학교 밖 청소년들의 다양한 삶의 결까지 담아내지는 못하는 것처럼 말이다.

유스리포트는 미래를 위해 현재를 유예해야 하는 존재로서 청(소)년이 아니라 현재를 살아가고 있는 청(소)년들의 삶을 증언하고자 한다. 청(소)년들의 구체적인 삶의 모습과 고민을 교육, 노동, 성, 사랑, 폭력, 가난, 소외, 관계 등 다양한 범주에서 조명할 것이다. 기존의 청(소)년 담론의 주제가 되지 못했던 비주류, 소수자의 이야기도 담을 것이다. 또한 삶의 한 단면만을 놓고 평가하는 손쉬움을 포기하고 그들의 삶을 둘러싼 사회경제적 배경을 함께 읽고자 한다. 그것은 문화적 다양성의 관점에서 청(소)년 문화가 사회적으로 소통되고 의미를 가질 수 있도록 하는 작업이기도 하다.

때로는 누군가가 대신해 그들의 목소리를 전할 것이며, 때로는 그들 스스로 자신의 이야기를 할 것이다. 섣부른 진단이나 분석은 하지 않으려 한다. '혐오론'이든 '희망론'이든 청(소)년을 특정한 프레임에 가두려는 욕망에서 벗어날 때 우리는 비로소 그들에 대해 이야기할 수 있는, 그리고 들을 수 있는 출발선에 설 수 있을 것이다. 그들의 삶을 읽는 것은 곧 우리 시대, 우리 사회를 읽는 것이기도 하다.

교육공동체 벗

| 차례 |

유스리포트를 펴내며 · · · 4
등장인물 · · · 8
여는 글 텅 빈 길 위에서 | 김남미 · · · 10

1부 · 우리는 어쩌다 20%가 되었나

대학은 자연스럽지 않다 · · · · · · · · · · · · · · 16
이름 없는 자의 덜 보편적인 삶 | 한지혜

어떻게 살아가고 싶은가 · · · · · · · · · · · · · 31
끝나지 않은 대학거부 이야기 | 민다영

2부 · 횡설수설한 나날들

졸업장 없이 살 수 있을까 · · · · · · · · · · · · 44
초졸로 살아간다는 것 | 고예솔

이런 일 해야 하는 사람 · · · · · · · · · · · · · 60
유예된 노동 이야기 | 공기

원하는 건 자유 · · · · · · · · · · · · · · · · · · 80
직업 활동가와 알바 생활자 사이 | 김해솔

3부 · 살아남기 위해서

이 미친 세상 어디에 있더라도 · · · · · · · · · 98
불안을 강요하는 사회에 필요한 우리의 생존법 | 정열음

'성공'하지 않아도 괜찮아 · · · · · · · · · 113
내 삶의 대안 찾기 | 박고형준

못난 이대로 살아갈 수 없다면 · · · · · · · · · 128
'그들의 마블'을 끝내기 위한 주문 | 김남미

부록

대학입시거부선언문 · · · · · · · · · · 147
대학입시거부로 세상을 바꾸는 투명가방끈 모임의 요구 · · 151

| 등장인물 |

한지혜 >>>

고등학교 2학년이던 2008년 어느 날, 시험 성적에 따라 '내 자리'가 정해지던 교실을 뒤로한 채 도망쳐 나왔다. 10대의 후반을 뚱땅뚱땅 노래도 하면서, 틈틈이 알바도 하면서 보냈고, 그 와중에 청소년인권운동에 빠져 활동하다 보니 어느덧 빼도 박도 못 하는 20대 중반이 되었다. 끈기가 없는 편인데 인생을 통틀어 그나마 끈덕지게 붙잡고 있는 일이 청소년인권운동이라는 사실에 왠지 모를 뿌듯함을 느끼곤 한다.

어쩌다 보니 중학교도 그만두고, 어쩌다 보니 대학도 안 가고, 2011년 대학거부선언에 이름을 올렸다. 노는 게 제일 좋고, 사람 만나 노는 건 더 좋다. 놀 사람을 찾아 헤매다 10대 중반에 만난 교육공동체 나다에서 20대를 맞이했다. 주로 여덟 살 친구들에게 그림책을 읽어 주며 놀거나 친구들과 《아무나 볼 수 있는 인문학 잡지 "나다wom"》을 만들고 있다.

<<< 정열음

박고형준 >>>

2002년 수능 날 아침, 시험장으로 가는 대신 시교육청 앞에서 '대학평준화' 피켓을 들었다. 현재 학벌없는사회를위한광주시민모임에서 일하고 있다. 돈을 많이 벌고 싶지도 않고, 장래희망이 없을 정도로 지금 하는 일에 만족하며 산다. 내 직업을 대수롭지 않게 생각하는 사람과 최근 결혼해 출산을 앞두고 있으며, 곧 태어날 아이와 아내랑 함께 제2의 인생을 어떻게 만들어 나갈지 고민하는 걸음마 중이다.

밥보다 밀가루 음식을 주식으로 삼는 '밀덕'. 2011년 대학거부를 선언하고 살길이 요원하여 알바를 전전하고 있다. 소소하게 나의 삶을 잘 살아 나가는 것이 작은 꿈이자 목표이다.

<<< 민다영

김해솔 >>>

청소년인권행동 아수나로에서 활동하고 있다. 편하게 살려고 2011년 대학입시를 거부했다. 나 혼자 편한 거 말고, 다 같이 편하게 살 수 있으면 좋겠다. 게으르고 느긋한 성격 탓에 주변 사람들을 겁내 고생시킨다는 건 안비밀.

2008년, 대학거부를 하고 수능을 안 봤다. 10대 때 청소년인권운동을 했던 게 연이 되어 지금도 어린이, 청소년 만나는 일을 하고 있다. 하고 싶은 말이 많을 때 사는 게 좀 재밌다고 느낀다. 하나부터 열까지 궁금한 게 넘칠 때 사람 만나는 게 좋다고 느낀다. 요즘은 세상 돌아가는 모양에 대해 궁금한 것도 많고, 필요하다고 생각하는 것들에 한해서는 하고픈 말도 조금 있다. 상태 좋을 때 사방팔방 열심히 두리번거려서 많은 걸 보고 싶다. 그래야 오래오래 살맛 날 테니까.

<<< **김남미**

공기 >>>

2011년 대학거부선언에 참여했다. 만나 보면 재밌는 사람이라는 얘기를 많이 듣지만 생각하는 건 우울하기 짝이 없는 사람이다. 누구나 할 수 있는 이야기 말고, 나만 할 수 있는 이야기를 해 보려고 노력하지만 그것도 녹록지 않다. 세상이 드러내지 않는 많은 삶들을 기록하고 싶었는데 정작 내 얘기만 주야장천 만화로 기록하고 있다. '공기'라는 나의 애칭은 그래서 각별하다. 있는 듯 없는 듯 존재하고 있는 '나'와 같은 사람들을 만나면서 지지고 볶으며 살고 싶다.

맘에 안 드는 것을 참지 못하는 성격을 가지고 한국 땅에 태어나서 세상에게 핀잔먹으면서 살아가는 중이다. 2011년 대학거부선언을 했다. 초년 운이 사나운 사주라기에 '착하게 굴어도 사나울 팔자라면 할 말 다 하고 사납게 사는 게 이득'이라고 생각하고 부러 더 사납게 굴고 있다.

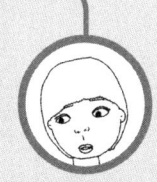
<<< **고예솔**

여는 글
텅 빈 길 위에서

1

세상은 쉬이 바뀌지 않는다. 그건 6년 전에도 어렴풋이 알고 있었던 사실이다. 수능 시험 당일, 교육부 앞에서 모자를 푹 눌러쓰고 기자들 앞에 서서 울 듯 말 듯한 목소리로 "공부하는 태엽 인형이 아니라 사람답게 살 수 있는 세상에서 살고 싶다"고 말하던 오래전 그날에도 사람 죽이는 교육을, 그럼에도 이 시험을 멈출 생각이 없는 잔인한 세상을 바꾸고야 말겠다는 거창한 야심 같은 건 없었다. 다만 돌아봐 주기를 바랐다. 너무 많은 불안과 절망과 고통을 발아래 깔고 지속되는 이 레이스가 대체 누구를 위한 것인지, 딱딱한 갑각류처럼 무감각으로 스스로를 무장한 채 앞만 보고 달려가는 사람들의 팔을 붙들어 잠시라도 멈춰 세우고 싶었다. 바람은 어느 정도 통했다. 세상 사람들은 인터넷 뉴스를 통해 감히 수능을 일부러 안 본 어느 고3 청소년들의 소식을 접했고, 낯선 조롱과 가벼운 감탄과 연민으로써 관심을 보였다. 길을 가던 사람들은 잠시 멈춰 우리를 돌아봤다. 그리고 이내 제 갈 길을 향해 떠났다. 거기까지였다.

 그리고 우리는, 대학입시거부자들은 아무도 지나다니지 않는 텅 빈 길 위에 덩그러니 홀로 남았다. 친구들은 또 다른 (대)학교로, 제각기 자기를 품어 줄 새로운 둥지를 찾아 떠나는데, 우리에게는 당장 갈 곳이 없었다. 미성년자 딱지를 떼자마자 그 어떤 울타리도 없이 맨몸으로 낯선 땅에 떨어진 기분이었다. 실은 막막했다. 세상은 등 돌린 거인 같았다. '수능거부'를 통해 우리가 당신에게 품었던 바람을 거인은 빠르게 외면했다. 어제 읽은 신문 기사를 더 이상 기억하지 않듯 우리의 이야기를 뒤돌아보는 이는 아무도 없었다. 간간이 또 다른 청소년들이 수능을 거부하고 온몸으로 세상에 말 걸기를 택했지만, 돌아선 등에 새겨진 무관심은 해가 갈수록 두터워졌다. 시간이 지나면서 외면하는 등에 담긴 적의를 읽었다. 우리는 스스로 노력도 하지 않고 세상 탓만 하는 패배자들이었고, 출발선상에서부터 탈락이 예정된 낙오자들이었다. 너희들은 세상물정 모르는 '루저'일 뿐이라며 낮잡아 보는 시선들 속에서 아무렇지 않은 척 꼿꼿이 서 있는 일이 차츰 버거워졌다. 그즈음 깨달았다. 미래가 아닌 '현재'의 행복을 찾자고 싸웠던 열아홉의 삶은 끝이 났고, 내 과거를 후회하지 않기 위해 남몰래 애써야 하는 새로운 '현재'가 시작되었다는 걸.

2

 이 책에는 여덟 사람의 '현재'가 담겨 있다. 다들 초졸에서 고졸까지 어디 내놔도 빠지지 않는 허름한 학력의 소유자들이다. 이들은 짧게는 3년에서 길게는 12년까지 대학 없이 자기 삶을 꾸려왔다.
 예전부터 '대학거부 이후의 이야기'를 궁금해하는 사람들은 간간이 있었다. 좋은 쪽의 관심은 아니었다. 대부분 '니들이 그러고도 어디 한번 잘 사나 보자' 식의 달갑지 않은 호기심에 가까웠다. 그런 사람들 보란 듯이 잘 먹고 잘 사는 것으로 뒤통수를 날릴 수 있다면 참 좋았겠지만 싱겁게도 그런 이변은 없었다. 세상은 생긴 대로 굴러갔고, 우리의 세상살이는 정해진 수순대로 팍팍했다. 남들보다 더 잘나야 살아남는 경쟁 사회 속에서 학벌도 스펙도 없이 반항기만 넘치는 루저들의 미래가 평탄할 리 없었다.
 가족이나 주위 친인척의 압박, 앞으로의 생존에 대한 두려움, 노동시장에서의 오갈 데 없는 처지(비정규직, 서비스직 외에는 허용되지 않는 일자리), 지금도 앞으로도 여전할 경제적 어려움, 80의 대학생 청년들 사이에서 20의 비대학생으로 남아 있는 소수자로서의 고립감, 사람들의 은근하고 때로는 노골적인 차별……. 수능은 하루면 끝이 나지만, 수능을 거부한 사람들의 삶은 이후로도 지속된다. 한 번의 '대학거부'보다 어려운 것은 대학에 가지 않는 상태를 유지하면서 20대, 30대를 버텨 내는 일이다. 이 점을 한 살, 두 살 나이를 더 먹을 때마다 실감하고 있다. '대학거부'는 수능 한철의 단기적인 이슈가 아니라 지금 이 순간에도 여전히 이루어지는 중인 지속적인 실천이다. 이 책은 여덟 사람이 각자의 삶에서 흔들리며, 자기 선택을 지키고 버텨 온 지금까지의 과정을 기록하고 있다.

누구나 같은 하늘 아래에서 살아가지만, '어떤 위치에 있느냐'에 따라서 겪게 되는 삶의 조건은 다르다. 굳이 이 여덟 사람의 구질구질한 개인사를 귀 기울여 들어 달라 청하는 것은 이것이 공고한 학벌사회에서 정상의 위치와 자격을 가지지 못한 약자들의 목소리이기 때문이다. 특권을 이미 가진 사람들은 절대 이 목소리를 내지 않는다. 모두가 대학에 갈 수는 없다. 모두가 높은 곳에 올라설 수는 없다. 누군가는 낮은 곳에서 우리처럼 매일 지는 사람들의 이야기를 해야 한다. 아직 어설프고 모자란 점이 많지만 그래도 용기를 내서 말을 건네 본다. 한두 사람이 대학에 가지 않는다고 해서 세상이 당장 바뀌지는 않는다. 거인의 등은 우리가 아무리 손을 내밀어도 닿지 않을 것처럼 먼 곳에 있다. 그래도 세상이라는 거인의 몸을 채운 것은 같은 하늘 아래에서 마찬가지로 힘겨운 일상을 버티고 살아가는 한 명 한 명의 사람들이다.

끈질기게 목소리를 낸다면,
누군가는 뒤를 돌아볼 것이다.

필자들을 대신하여 김남미

1부

우리는 어쩌다 20%가 되었나

대학은
자연스럽지 않다

이름 없는 자의 덜 보편적인 삶

한지혜

"그럼 애가 대학생 되면 너 거의 환갑 되는 거 아니야?"
"아이고, 고단한 앞날이 펼쳐지는구나. 하하하."
　내가 활동하는 단체의 회식 자리. 삶의 걱정, 특히 육아 문제를 공유하는 이들이 서로의 고민을 나누는 술자리에서 흔히 나올 수 있는 이야기였다. 그런데 이 말을 듣고 나는 마음이 불편해져 버렸다. 옆에서 거들었다. "에이, 그 애가 대학생이 될지 안 될지 어떻게 알아~." 하지만 내 말은 다른 화제에 밀려 묻혔다. 딱히 그 이야기를 더 하고 싶었던 건 아니어서 나도 굳이 더 꺼내지 않았다. 그때그때의 이야깃거리에 맞추어 깔깔대기도 하고, 고개를 끄덕이기도 했다. 하지만 마음 한편에는 뭐라 설명하기 좀 애매한 찜찜함이 자리 잡았다. '스무 살=대학생'이라는 당연하지 않은 전제는, 그러나 매우 많은 경우에 당연한 전제로 이야기되곤 하는 것이다. 아, 내가 활동하고 있는 이 공간, 인권을 말하고 사회문제에 대해 거침없이 목소리를 내는 '활동가'들이 모여 있는 이 공간도 그 '대학'으로부터 자유롭지 않구나. 그러고 보니 다들 대학교를 다녔었구나. 그런 사람들이 모여 있다 보니 사적인 자리에서 대학교 시절의 사건이 화제가 되기도 했는데, 그럴 때마다 내 마음은 그 자리에서 슬그머니 빠져나오곤 했다. "학생회 할 때 말이야", "총학이 그러는 바람에……" 이러쿵저러쿵하는 이야기들 속에서.

그들의 잘못이라고 말하고 싶은 게 아니다. 삶의 경험과 그것이 구성되는 방식은 사람마다 각자 다르다. 하지만 대부분의 사람들이 겪는 '주된 이야기'가 있을 때, 그에 속하지 않는 사람들은 어떤 식으로 '자기 이야기'를 할 수 있게 될까. 이것은 나름대로 '덜 보편적인' 삶을 살아가고 있는 나에게 중요한 질문이다.

교육 현실을 향한 소심한 반항

나는 중졸이다. 혹은 고등학교 중퇴가 나의 학력이다. 아마 고등학교를 계속 다니고 졸업을 했더라면, 대학을 가든 가지 않든 수능 시험을 준비하고 치러 냈을 것 같다는 점에서 고등학교 중퇴가 대학거부에도 영향을 준 것 같다.

학교를 그만둔 건 고등학교 2학년 때였다. 입학 첫날부터 학교는 우리에게 밤늦게까지 야자를 시켰다. 야자를 빠지면 다음 날 엎드려서 맞았다. 지각하면 벌점을 받았고, 성적이 떨어지면 모두가 보는 앞에서 혼이 났다. 핸드폰이고 뭐고 입시 공부에 도움이 안 되는 모든 것들은 '쓸모없는 것' 취급을 받았다. 비좁은 교실, 40명이 넘는 학생들, 친한 친구, 안 친한 애, 허구한 날 치르는 시험 때문에 시험 보는 대열로 자리를 배치해서 짝꿍 같은 것에 더는 큰 의미를 두지 않았던 그때. 일등부터 꼴등까지 대놓고 공개하진 않아도 모두가 어렴풋이 눈치 채고 있던 서로의 성적. 끝이 보이지 않는 점수 경쟁. 의자에 종일 앉아 있었지만 완전한 '내 자리'는 없었던 교실이 너무나도 답답했다. 자퇴서를 낸 나에게 담임 교사는 "너 지금 이러면 나중에 배추 장사나 한다"라는 말로 으름장을 놓았다. '배추 장사'가 뭐가 어때서? 그런 말을 '설득'이랍시고 쉽게 내뱉을 수 있다는 것이 싫었다.

학교 밖에서의 하루하루는 그동안의 삶과는 많이 달랐다. '학교 안 다니는 애'라는 시선과 마주할 때는 조금 두려웠고, 시험 기간 같은 거 신경 쓰지 않아도 될 때는 그 자유로움을 만끽했다. 해방감과 불안감이 섞인 묘한 기분이 한동안 나의 일상을 채웠다. 나의 고등학교 자퇴는 여전히 내 삶에서 중요한 부분이다. '자발적' 벗어남이면서도 동시에 쫓겨남이고, 수십 년(어쩌면 더한 시간) 동안 한결같이 제자리걸음을 반복하는 학교와 교육 현실에 대한 소심한 반항이면서 동시에 일상의 소소한 행복을 느끼게 해 준 시작점이었다.

그럼에도 불구하고, 학교를 그만둔 후에도 당연히 대학교는 가야 한다고 생각했다. 아니, 갈 수 있을 거라고 생각했다. 일단 공부는 내 길이 아니라는 생각에, 평소에 좋아하던 악기를 붙들고 있었고, 대학에서 그쪽을 전공하면 되겠다고 막연히 그려 보았다. 그 전에도 틈틈이 음악 수업을 들으러 다니곤 했는데, 그 무렵이 본격적이었다. 당시 살던 곳은 경기도 성남이었는데 음악 수업을 듣는 곳은 버스와 지하철을 여러 번 갈아타야 갈 수 있는 서울 성북구 쪽이었다. 한 번 가는 데에만 2시간 가까이 걸리는 길이었다. 처음엔 음악이 즐겁고, 배우는 시간이 좋고, 악기 소리가 좋아서 열심히도 다녔다. 그런데 어느 날부터 숨이 턱 막혀 왔다.

"이 교수님은 이런 소릴 좋아하시고, 또 다른 교수님은 안 그래. 교수님에 따라 (대학에) 붙을 수도 있고 아닐 수도 있지."

"아무래도 콩쿠르 나가서 상 타는 게 입시에 도움이 되겠지?"

"이거 아니면 죽는다는 마음가짐으로 해야지."

내게 음악을 가르쳐 주던 교사도, 평소 좋아하던 한 연주가도 이런 말들을 하곤 했다. 음악 수업은 한 달에 네 번 정도 받았지만 수업료가 비싸지 않은 것도 아니었고, 그 수업료를 다 낼 수 있을 만큼 형편이 마냥 넉넉하지도 않았다. 입시를 위한 음악 공부를 한다는 것은 생각보다 유쾌한 일이 아니었다. 좋아서 시작한 공부이긴 했지만 내가 좋아한 것은 매력적인 그 악기의 소리와, 악기를 직접 연주하며 그 소리를 사람들과 나누는 것이었지, 연주 실력으로 또 다른 틀에 박힌 평가를 받는 것이 아니었다. 결국 문제집 풀이만 하지 않을 뿐, 대학교에 들어가기 위해서는 어찌됐든 그 경쟁을, 그 시험을, 그 평가를, 치러 내야만 하는 것이었다.

그즈음, 청소년인권운동을 하는 친구들을 만나면서, 예전부터 대충 '이건 좀 아닌데' 정도로 문제의식을 갖고 있던 '입시 경쟁 교육'을 좀 더 진지하게 마주하게 되었다. 입시를 위한 음악을 배우면서, 물론 내가 좋아서 하는 거니까 억지로 하는 공부처럼 싫지는 않았지만, 점점 '이대로 괜찮은 걸까' 하는 생각이 들었다. 입시 경쟁 교육에 문제의식을 가지고 있으면서도 한편으로는 입시에 편승해 버리는 스스로가 껄끄러웠다.

이런 식으로 공부를 하는 게(정확히는 대학에 들어가려고 준비하는 게) 정말 내가 원해서 하는 것인지, 이 사회에서 대학 진학을 요구하기 때문에 하는 것인지 계속해서 머릿속에 질문이 떠올랐다. 그냥 그렇게 해야 된다고 생각하니까, 그래서 가는 건가?

너무나도 자연스럽고 당연한 일이었던 대학 진학의 '이유'를 스스로에게 질문하게 되었다. 결국 나는 나를 설득할 수 없었고, 남들 다 보는 수능을 보지 않은 채 그냥 스무 살이 되었다.

뭐 먹고 살지?

학교도 안 다니는데, 뭔가 일도 하고 내 용돈도 벌어야겠다는 생각에 시작한 첫 알바는 패스트푸드점 일이었다. 최저 시급이 최고 시급처럼 주어졌고, 일하는 시간도 처음 시작할 때랑 다르게 들쭉날쭉했다. 그때는 그래도 월급이 들어오는 게 신기하고 좋았다. 하루는 엄청 많은 양의 햄버거를 빠른 시간에 만들어야 하는 주문이 들어왔는데, 알고 보니 내가 다니던 고등학교에서 시킨 거였다. 기말고사 마지막 날이던가 그랬나 보다. 그때 참 마음이 싱숭생숭했다. 괜히 아는 척하고 싶다가도, '그래서 뭐 하게?' 싶은 마음에 꾸역꾸역 햄버거만 잔뜩 만들었다. 알바들에게만 반말하는 매니저와 마주치기 힘들어서 어느 날 무책임하게 그만두었고, 패스트푸드점 알바 경험자들이 많이들 그렇듯 나도 그 뒤로 패스트푸드점에 가지 않음으로써 노동 착취 현장에 대한 일종의 보이콧을 실천했다.

그렇게 첫 알바를 치르고는, 청소년인권운동에 더 재미를 느껴 다양한 활동에 뛰어들었다. 2008년 촛불집회에서의 거리 낙서, 기호 0번 청소년 교육감 후보 출마 퍼포먼스, 일제고사 반대 농성, 입시경쟁폐지운동, 청소년들의 발칙한 인터넷 라디오 '모난라디오' 방송 , 청소년인권캠프 준비, 경기도학생인권조례제정운동, 서울학생인권조례주민발의운동……. 그 시간들 속에서 '대학입시거부로 세상을 바꾸는 투명가방끈'이라는 학벌 아닌 학벌도 갖게 되었다. 그 와중에 출퇴근 없이 할 수 있는 녹취 풀기, 코딩 입력, 신문 모니터링 등 소소한 알바 같은 것들로 돈을 벌었고, 인권운동단체에서 반상근 활동을 하며 약간의 활동비를 받기도 했다.

주위의 다채로운 알바 경험을 자랑하는 친구들에 비하면 나는 아무것도 아니지만, 활동도 하고 틈틈이 알바로 먹고살면서 '이거 하다가 다음엔 뭐 먹고 살지?' 하는 고민을 할 때면, 대학생들이 왠지 부러웠다. 대학생들은 '대학생'이라는 이름만으로 이런 고민으로부터 살짝 떨어져 있을 것 같았다. 실제 대학생이라고 해서 엄청나게 안정적인 생활을 하는 것도 아니고, 크게 다를 것 없는 현실이겠지만, 적어도 그들은 사람들로부터 "그럼 뭐하고 살아요?"라는 의아한 눈빛과 질문을 받진 않겠지. 이름을 갖지 못한 사람들에게 사회의 시선은 서늘하다. 분명 나는 여러 가지 활동으로 내 일상을 꽉꽉 채워 보내고 있는데 나를 설명할 수 있는 이름은 없었다. 무엇을 할지보다 어떻게 살지를 먼저 생각하며 살자고, 보편적인 길과 조금 다른 길을 선택해 걸어왔지만, 시간이 지나고 나이를 먹으면서 그 눈빛에 자주 움츠러들곤 했다.

스물두 살, 내 또래 애들은 대학교 졸업반을 앞두고 있는 시기였다. 그때 나는 집 근처 카페에서 알바를 하고 있었다. 처음 하는 일에 서툴러 실수도 많이 했지만 일이 익숙해지면서 점차 재미도 생기고 자신감이 붙었다. 그즈음, 사장님은 나에게 '직원'으로 일하지 않겠냐고 물어 왔다. 직원이 되면 알바보다 근무 시간이 더 늘어나고, 급여도 시급이 아닌 월급 형태로 주어진다고 했다. 그 카페에서 같이 알바하는 사람들 중 나 빼고는 모두 대학생이었다. 아무래도 대학생보다는 딱히 하는 일이 없어 보이는 사람을 직원으로 쓰는 게 덜 부담스러워서 그런 걸까? 다른 사람들보다 일을 늦게 시작한 나에게 그런 제안을 한 이유를 괜히 짐작해 보게 되었다. 직원이 된다는 건, 하는 일은 비슷해도 카페 일에 더 신경 쓰고 책임질 일이 많아진다는 의미였다. 그럴 자신이 없어서 우선은 그냥 계속 알바로 일하겠다고 말했다. 하지만 마음속으로는 자꾸 저울질을 했다. 직원이 되면 알바를 하는 것보다는 좀 더 안정적으로 살 수 있을 텐데 그냥 한다고 할까? 그런데 내가 카페에서 일할 마음의 준비는 되어 있나? 혹시 안정적으로 생활할 수 있는 더없는 기회를 내가 외면한 건 아닐까? 앞으로는 정말 뭐 먹고 살아야 할까.

열심히 산다고 이 불안이 사라질까?

한창 그런 고민과 막막함 속에서 허우적대고 있을 무렵, 내 앞에 불쑥 등장한 것은 지역에서 '인권교육센터'를 함께 만들어 보자는 제안이었다. '그래, 내가 원하는 활동을 하면서 사는 거야!' 하고는 그 제안을 덥석 받아 안고 시작하게 된 일이 지금 인권교육 '온다'에서의 활동이다.

인권교육은 청소년인권운동을 시작하면서부터 가까이에서 만날 수 있었다. 주위에 인권교육을 하는 활동가들이 있어서 관심을 갖게 되기도 했다. 시간 널널한 청소년이었을 때, 이런저런 토론회나 교육장에서 패널로 참여하여 학생인권과 교육 문제에 대해 토론하기도 하고, 사회적 소수자가 겪는 문제에 대해 당사자로서 목소리를 내기도 했다. 지금 생각해 보면 살아 있는 인권교육의 현장을 만났던 것이다. 그렇게 자연스럽게 인권교육에 궁금증을 갖게 되었고, 인권교육활동 워크숍에 참여하면서 관심도 커졌다.

인권교육이라는 방식으로 사람들을 만나는 것은 끊임없이 말을 건네고 질문을 던지는 일이었다. 인권운동이 사회적 문제들에 대해 목소리를 내며 크게 한 걸음 내디딜 때, 그 걸음 사이의 벌어진 거리를 촘촘하게 채워 나가는 것이 인권교육의 몫이라고 생각한다. 다양한 사람들을 만나서 인권에 대해 이야기할 수 있다는 점에 매력을 느껴서, 그리고 이 활동을 함께하지 않겠냐는 제안을 한 이가 나와 가깝고 내가 좋아하는 사람이라서, 그렇게 인권교육단체에서 활동하게 된 지가 어느덧 2년째이다. 새로운 기획안도 만들고 이전에는 미처 생각하지 못했던 인권에 대한 내용도 발견하게 되는, 이 분야에 집중하면서 얻게 된 재미가 있다. 알바를 하지 않아도 될 정도의, 많진 않지만 안정적인 활동비도 받게 되었다. 지금처럼 상근 활동을 하기 전에는 인권교육을 해도 중·고등학교로 학생인권교육을 가거나 교사들을 대상으로 한 교육을 주로 했었는데 상근 활동을 하고 나서는 학교뿐 아니라 사회복지관, 청소년 쉼터, 지역아동센터, 공공기관 등 다양한 공간을 찾아가게 되었다. 그동안 각각 다른 운동의 경험을 갖고 있는 이들과 같은 단체에서 상근 활동가로 만나게 된 것도 새롭고 즐거운 경험이다.

하지만 요즘 들어 내가 이 길을 잘 가고 있는 걸까, 나와 잘 맞는 걸까, 하는 생각이 들기도 한다. 나름의 고민과 열정을 갖고 이 일을 하기로 결정했으나, 지금에 와 몇 걸음 떨어져서 살펴보니 그때 나의 선택 속에서 '불안함'이 엿보였다. 스스로 그 마음에 깊이 몰두하지 않았을 뿐, 불안함은 스무 살 이후 줄곧 나와 함께했던 것 같다. 알바를 하면서 '나의 일'이라고 말할 수 있는 '일'을 찾을 수 있을까. "그럼 뭐하고 살아요?"라는 질문에서 빠져나올 수 있는 '분명하고 확실하며 보통 사람들에게 설명할 수 있는 이름'이 없다는 건 일상을 불안하고 초조하게 했다.

그렇게 알게 모르게 내 안에서도 무언가가 되어야 한다는, 어서 무언가를 보여 줘야 한다는 압박이 갈수록 크게 자리 잡았다. '나 방황하는 거 아니야. 내 길 찾아서 잘 가고 있어'라고 스스로에게 말하고 있었다. 왠지 행복하게 잘 살고 있어야만 할 것 같다는 생각에, 인권교육단체의 상근 활동가라는 비교적 설명하기 쉬운 이름과 '나의 일'을 가짐으로써 서둘러 무언가를 보여 주려고 했던 건 아니었을까? 지금도 이런 어지러운 질문과 고민 속에서 지내고 있다.

'중졸'과 '고등학교 중퇴' 사이

주위에 함께 활동하는 청소년인권운동활동가들 중에는 중학교나 고등학교를 다니다 그만둔 '탈학교 청소년'들이 있는데, 대부분의 이들이 검정고시를 본다. 검정고시를 보고 대학입시를 준비하는 경우도 있고, 그와는 상관없이 일단 '고등학교 졸업' 자격을 얻는 경우도 있는 것 같다. 나도 막 학교를 자퇴하고 나서는 검정고시를 준비할 계획이었지만 시기를 놓치기도 했고, 틈틈이 알바에, 청소년인권운동을 계속하다 보니 시간도 안 났다. 지금 돌이켜 보면 내가 사는 데 필요성을 느끼지 못한 게 컸다.

"검정고시는 봐야지"라는 이야기를 들을 때면, "적어도 고졸은 돼야지"라고 말하는 것 같다. 최근 몇 년간 정부에서 일자리도 늘리고, 청년 취업도 지원하기 위한 정책의 일환으로 '고졸 채용' 카드를 꺼내든 것도 비슷한 맥락으로 읽힌다. 실제로 얼마 전 열린 〈고졸 성공 취업 대 박람회〉 안내 홈페이지를 보면 "경제단체, 정부, 언론기관 간 사회 공헌 협력 사업 추진을 통하여 고졸 인력 등 청년 실업 및 중소기업 인력 부족 현상을 완화하고, 중소기업에 대한 구직자의 인식을 개선하여 고졸 기능 인력에 대한 사회적 관심을 재고시키고 학력 위주의 취업 관행을 개선하기 위한" 행사로 소개하고 있다. 이 짧은 문구를 통해 우리 사회의 인식과 제도의 한계치를 볼 수 있는 것 같다. 학력과 학벌 위주로 굴러가는 관행을 바꾸고 바로잡기 위해 가져온 기준이 '고졸'인 것이다. 이것은 청소년기를 19세까지로 보고 그 나이를 넘어야 비로소 '성인'으로 대우하는 사회 문화와도 연결이 되는 것 같다. '그 정도'는 갖춰 줘야 (노동력을 갖춘) 사람 취급받을 수 있는 사회인 것이다.

학력이나 학벌은 신경 쓰지 않을 것 같은 시민사회단체들도 신입 활동가를 뽑을 때 그런 부분을 은근히 고려하기도 한다. 대놓고 공개 채용 대상에 명시하는 경우도 있다. 내가 작년부터 활동하고 있는 인권교육 '온다'는 지금 나의 '최종 학력'을 받아 줄 수 있는 몇 안 되는 곳이다. 하지만 학력과는 무관하게 활동하면서도 내가 어쩔 수 없는 일들이 있다. 언젠가 공기관의 용역을 받아 학생인권 관련 연구를 진행한 적이 있는데, 다른 교사나 활동가들은 다 공동연구원으로 참여했고 나만 보조연구원으로 작업을 하게 됐다. 당시 함께 작업하던 분들은 "형식적으로 보조로 들어오는 거지, 똑같이 공동 작업 하는 것"이라고 얘기하기도 했다.

  인권교육을 나갈 때도 비슷한 일이 있다. 거의 모든 곳에 강사의 프로필과 이력서를 기본 서류로 제출한다. 대부분 우리가 만든, 꼭 필요한 내용만 들어 있는 프로필을 사용하지만, 종종 교육을 의뢰하는 쪽에서 학력을 적어야 하는 서식을 요청할 때도 있다. 학력에 따라 교육비(강사비)를 다르게 지급하는 기관도 많다. 한번은 어느 기관에서 제시한 강사 프로필 서식에 학력란이 있기에 주최 측에 전화를 걸어 학력을 필수 사항으로 요구하는 것의 문제점을 지적하고, 학력을 적어 낼 수 없는 이유를 말했다. 그런데 그쪽에서는 교육청의 예산을 받아 진행하는 교육이라 자기들도 어쩔 수 없다고 항변했다. 이미 진행하기로 하고 기획팀도 꾸려져서 한창 준비하고 있던 중이라 도중에 안 하겠다고 할 수도 없었다. 일종의 타협을 하며 그 서식에 맞춰 내용들을 쓰는데, 어찌된 일인지 학력란만 채우지 못한 채 한동안 들여다봤다. 순간 나는 참 씁쓸하게도 '중졸'이라 쓸지 '고등학교 중퇴'로 쓸지를 두고 고민했다. 결국 나는 '고등학교 중퇴'라고 적어 냈다. 이거나 저거나 큰 차이는 없을 거라고 생각하면서도, 중학교와 고등학교 사이에 나도 모르게 선을 긋고 구분하고 있었다. 조금이라도 비집고 들어가 보려 애쓰는 꼴이었다. 그날은 하루 종일 울적했다. 그 네모반듯한 학력란 앞에서 내 자신이 너무나 작아져 버리는 것 같았고, 스스로가 초라하게 느껴졌다.

꼭 학력이 적혀 있지 않다 해도 이력서를 보내고 받을 때 개운치 않을 때가 많다. 한번은 한 학교에 인권교육을 가기 전에 프로필을 보냈는데 담당자가 유난히 꼼꼼히 봤던 모양인지 "○○님은 나이도 어리신데, 진짜 20○○년부터 관련 일을 하신 건가요? 생각보다 오래되셨네요" 하고 신기해했다. 뭐, 좋게 듣고 넘길 수도 있는 말이지만, 어찌 들으면 속 불편해지는 소리였다. 물론 이력서든 자기소개서든 간에 서로서로 필요한 정보를 공유할 수는 있다. 교육을 진행하는 사람이 어떤 사람인지, 주로 어떤 활동을 했는지에 따라 교육의 초점이 달라질 수 있기 때문이다. 그러나 어떤 사람의 전문성을 '검증'해야 한다는 전제로 요구되는 이력서가 또 다른 획일화된 기준으로 사람을 바라보게 만드는 건 아닐까?

2011년 11월 수능 시험이 있던 날, '대학입시거부로 세상을 바꾸는 투명가방끈들의 모임(투명가방끈)'이 대학입시거부선언을 발표했다. 그 선언의 제목은 '불안하고 불행한 우리의 오늘과 내일을 바꾸자'였다. 그때 투명가방끈들의 그 구호에서 나는 힘을 얻었다. '불안하고 불행한 우리의 오늘과 내일'이라는 문장을 통해 오히려 나는 정말로 불안한 삶을 마주하게 되었지만, 한편으론 지금 내가 잘못 살고 있는 게 아니라는 위로를 받은 기분이었다. 그리고 투명가방끈들의 삶은 오늘도 질문을 던지고 있다. 불안하고 불행한 우리의 삶을 어떻게 받아들일 것인지, 불안하고 불행한 것은 내가 못났기 때문인지, 그렇다면 힘을 가진 위치에 서게 되면 나는 잘난 사람이 되는 것인지. 80%가 대학에 진학하는 사회에서 나머지 20%가 지금, 여기에서 또한 살아가고 있는데, 그 삶이 좀 더 즐겁고 행복할 수 있도록 이 사회를 바꾸기 위해 우리는 무엇을 할 것인지.

대졸은 기본이고, 고졸은 좀 안됐지만 어쩔 수 없고, 그런데 중졸이나 그 이하의 학력은 잘 상상조차 안 되는 그런 사회 속에서, 나는 이왕 이렇게 된 김에 '중졸'로 남아 있어야겠다고 생각했다. 어느 정도의 학력과 스펙을 갖추지 않은(못한) 사람들의 존재를 잘 보이지 않게 만드는 제도와 문화를 유지하는 사회가 어떻게 차별을 만들어 내는지 들여다보겠다고 생각했다. 쓸데없는 오기 같은 것일지 몰라도 세상이 요구하는 기준에 맞춰 주고 싶은 마음은 안 든다. 나와 비슷한 사람들이 그 사회 속에서 어떻게 살아가고 있는지 보여 주고 싶다. 한동안은 이렇게 살 것 같다.

어떻게 살아가고
싶은가

끝나지 않은 대학거부 이야기

민다영

성공 후기에 없는 사람들

2010년, 18세의 나는 다니던 인문계 고등학교를 자퇴했다. 자기주장이 강하긴 했지만 학교를 자퇴할 만큼 유별난 '문제아'는 아니었던 나의 행보에 모두가 놀랐다. 염색 한 번 해 본 적 없고, '강제' 야자도 내 의사로 빠져 본 적 없을 만큼 고분고분했던 내가 왜 학교를 자퇴하려는지 다들 의아해했다. 나는 뭔가에 홀린 사람처럼 확신에 가득 찬 눈으로 엄마를 설득했고, 담임 선생님을 설득했다. 기억을 헤집어도 계기가 뭐였는지 명확하지 않다.

다만 기억나는 건, 어느 날 갑자기 들었던, '어떤 대학에 갈지도 모르는데 마냥 수능을 잘 보고 입시에 성공하길 빌며 이렇게까지 공부하는 것이 맞는 걸까?'라는 생각과, 아무것도 갈피가 안 잡혀서 막막하고 먹먹한 채로 잠이 들었던 밤이다.

유명하다는 스타 강사의 인터넷 강의를 들어도 그대로인 언어 점수가 이 모든 것의 계기였을지도 모른다. 입시에 왕도라는 것이 정확히 어떤 건지도 잘 모르겠고, 이렇게 우직하게 공부만 하다가 그냥 대학을 갈 것 같은데 그것마저 너무 불안했다. 마냥 합격선에 맞춰 대학을 가자니 어떤 대학을 가더라도 등록금을 다 낼 수 있을 만큼 부유하지 않았던 우리 집이 걱정되었고, 학자금 대출을 받아 학교를 다녔다가 취직에 실패할 것을 상상하니 막막했다. 적당히 좋은 대학을 나와 적당히 좋은 직장을 갖는 것은 모두가 생각하는 보통의 삶이었지만, 나의 현실에서는 너무나도 어려운 길 같았다. 어떠한 대책도 없이 무턱대고 가 버리기에 대학은 내가 지불하기 어려운 값비싼 무엇이었다. 그 값을 뽑아 낼 확실한 플랜도 없이 어영부영 수능을 봐서 대학에 갈 수는 없는 일이었다.

그럼에도 나는 한동안 장밋빛 미래를 그렸다. 생각해 보면 나는 늘, '이 강의를 들으면 너의 수능 성적이 오를 것이며, 이 강의를 들은 수강생 중 몇 퍼센트가 스카이에 갔단다'라고 시치미를 뚝 떼고 객관적인 척하는 입시 광고들 앞에서 현명한 소비자가 되기 위해 부단히 애를 썼었다. 강의를 다 들은 사람들의 후기를 꼼꼼히 찾아보기도 하였고, '성공 후기'의 주인공에게 나를 대입해 가며 이 강의가 나에게 어느 정도 효용이 있을지 상상해 보기도 했다. 아까운 시간과 돈을 낭비할 수는 없으니 할 수 있는 만큼 머리를 굴려 틀림없는 판단을 하려 애썼다. 실제로 강의를 열심히 듣고 점수가 올라 '입시'에 성공한 개인들의 이야기는 여기저기에 많았다. 수험생 커뮤니티에도, 강의 홍보물에도 성공 후기의 주인공은 있었다. 그런 후기들을 보고 있자니, 입시 성공 후기에는 등장하지 않는 이야기들이 궁금해졌다.

  입시에 성공해 원하는 대학을 다니고 있는 사람들도 있을 테지만 원하지 않는 대학에 들어간 사람들도 있을 것이다. 대학을 무사히 졸업한 사람도 있을 테지만 대학을 다니다 자퇴한 사람도 있을 것이다. 그 밖에도 대학에 가지 않은 채로 살고 있는 사람들, 편입한 사람들 등 대학을 둘러싼 무수히 많은 개인들의 삶이 있을 것이다. 그런 사람들의 삶은 어떤지, 그들은 무슨 고민들을 안고 살아가는지, 자신의 삶에서 대학을 어떻게 받아들이고 있는지 궁금해졌다. 좁은 입시의 관문을 뚫고 성공 후기의 주인공이 된 사람들은 여전히 성공한 인생을 살고 있을까? 자신의 삶에 만족할까? 정말로 좋은 대학이 편한 인생을 보장해 주는 걸까? 입시에 실패한 사람들은 인생에서도 실패했을까? 대학에 안 간 사람들은 자신의 선택을 후회하고 있을까?

그러나 도무지 알 수 없었다. '이렇게 하면 성적이 오른다더라', '저렇게 해서 명문대를 갔다더라'라는 식의 정확하지도 않은 정보는 신문, 방송 등 온갖 매체를 동원해 마구 쥐어 주는 사회였지만 입시를 벗어난 현실의 이야기는 좀처럼 발견하기가 어려웠다. 누군가 쥐어 주는 건 고사하고 스스로 찾아보기도 쉽지 않았다. 겨우 찾은 것이라곤 매스컴 속 이미지뿐이었다. '알바 시장에서 최저 시급을 받고 가까스로 생계 보전을 하며 학자금 대출금을 쌓아만 가는 88만 원 세대'와 같은. 하지만 내가 궁금한 건 통계로만 존재하는 숫자나 통칭되는 이름이 아니었다. 개개인으로 존재하는 사람들의 이야기였다.

그러고 보니 불안한 삶을 보장한다는 그 '장밋빛 미래'의 기준은 실체 없이 존재하는 대학 서열뿐이었다. 서열에서 높은 자리를 차지하고 있는 대학에 합격하는 것이 인생의 성공이라고 모두가 의심 없이 이야기했다. 내게는 학벌로만 설명할 수 없는 많은 사람들의 삶의 이야기들이 간절하게 필요했지만 사회는 오로지 '학벌'이라는 단 하나의 기준으로 '서울대 간 너는 인생의 승리자, 지잡대 간 너는 인생의 패배자, 대학도 못 간 너는 낙오자'라고 이야기할 뿐, 대학이라는 굴레 속에서 다양하게 억압받는 사람들의 삶에 대해서는 좀처럼 이야기하지 않았다. 그럴수록 내가 입시에 성공하는 것이 정말로 행복한 인생을 살 수 있게 하는 요인일까에 대한 의구심은 커져만 갔다. 결국 나는 입시만이

전부였던 지난 시간들을 뒤로하고, 대학을 포기했다.

그 선택을 하고 나니, 한낱 입시 강의 앞에서조차 현명한 소비자이고 싶어 했던 내가 왜 정작 '대학'은 이제야 검토하게 되었는지 허탈했다. 정말로 대학이라는 것이 인생에서 중요한 부분이라면, 나는 지난 11년간 무작정 '입시'를 준비할 게 아니라 대학이라는 굴레 속에서 살아가는 사람들의 삶을 먼저 배웠어야 했는데 말이다.

희미한 미래에 저당 잡히고 싶지 않았던 선택, 더 희미해진 미래

학교 다닐 적 활동했던 고등학교 인권 동아리가 계기가 되어 자퇴 이후 청소년인권운동을 하는 친구들을 만나 자연스럽게 함께 대학거부선언을 계획했다. 열아홉 살, 나는 스스로 수능을 보지 않겠다고 선언한 사람들 중 하나가 되었다. 대학거부선언문을 발표하던 수능 날을 회상해 보면, 두렵고 막막한 마음보다 즐거운 마음이 더 커서 들떠 있었다. 마치 평생 한 번 있는 성년의 날처럼, 대학거부는 열아홉 살인 지금 내게 주어진 일생의 한 번뿐인 'D-DAY' 같았다.

당시 내게 대학거부가 일생의 '이벤트'였다면, 독립한 이후 스스로 생계를 책임지며 살아야 했던 지난 몇 년간 나의 삶에서 대학거부는 좀 더 현실적인 문제였다. 한 번의 이벤트로 생각하기에 대학거부는 너무나도 무거운 것이었고, 선택에 따른 대가는 해가 가면 갈수록 내 삶에 더 진하게 다가왔다. 어느새 나는 대학거부 때보다 한 해 한 해, 더 큰 용기를 내어야만 대학을 거부한 채로 살아갈 수 있는 사람이 되어 있었다. '대학거부'는 때로는 삶의 바닥부터 치고 올라와 나를 불안하게 하는 존재가 되기도 하고, 엄마에게 영영 가슴 아픈 짐이 되기도 했다. 엄마는 지금도 종종 "혹시 넉넉하지 않은 집안 사정 때문에 대학거부를 한 것이 아니냐"고 묻곤 하신다. 완전히 틀린 말은 아니지만, 엄마의 생각처럼 딸자식이 마냥 속이 깊어 희생적인 선택을 내린 것은 아니다.

  사실 대학거부는 부모님의 경제적 종속으로부터 자유로워져 독립적으로 살고 싶었던 생각에서 비롯된 선택이기도 했다. 한국 사회에서 자식을 대학에 보내고 학비를 지원하는 것은 부모라면 마땅히 해야 하는 '도리'처럼 여겨지기도 하지만, 역설적으로 부모가 자식을 마음대로 휘두를 수 있는 '조건'이 되기도 하니까. '대학까지 보내 놨더니'라는 이야기로 내 인생을 저당 잡히고 싶지 않았고, 나의 삶과 경제 정도는 온전히 내가 책임지며 살 수 있을 것 같았다.

  그러나 나의 삶을 책임지는 것은 생각처럼 쉽지 않았다. 그렇다고 불안한 현실을 조금이라도 부모님에게 이야기하면, 부모님은 그들의 몫이 아닌 죄책감으로 괴로워하셨다. 나의 불안정한 삶을 내가 대학을 가지 않아서 생긴 문제처럼 여기셨고, 그것을 자신들의 탓으로 생각하셨다. 결국 스무 살 무렵 나는 엄마에게 미안했는지, 중졸의 내 학력이 부끄러웠는지, 아니면 견고한 학벌사회에서 살아가는 게 조금 더 불안해졌는지 엄마와 타협해 검정고시를 치르고 '고졸'이 되었다. 학벌사회의 사다리를 한 계단 더 올라탄 것이다(그러나 부모님은 내가 그들의 돈으로 대학을 가기 전까지 죄책감에 계속 마음 아파하실 것이다).

검정고시를 치른 덕분에 나는 '고졸'이라는 학력을 처음으로 이력서에도 써 보게 되었다. 그리고 이제는 왜 학교를 그만두었냐는 질문 대신, 왜 대학을 가지 않았냐는 질문에 항상 대비하고 있는 사람이 되었다. 대학에 가지 않은 사람에게 쏟아지는 '이상한 사람'이라는 시선 앞에서 어찌 되었건 나는 나를 설명해야 했다. 나답지 않은 훨씬 더 화려한 포장지로 나를 감싼 채 대학을 가지 않은 이유를 구구절절 설명했고, 사실 잘 알지도 못하는 미래에 대해 명확한 계획을 가지고 있는 것처럼 말했다. 그렇게 해야만 고졸인 나에게 쏟아지는 뜨거운 눈총을 피할 수 있었다.

차별의 문턱을 어렴풋이 취업 경쟁에서의 학력 정도라고 생각했던 것도 너무 단순하고 어리석었다. 학력을 갖추지 않았기 때문에 나는 다른 사람들보다 더 많은 스펙과 더 많은 '경험'을 갖추어야 했지만 그 경험의 기회조차도 평등하지 못했다. 사람들이 '청춘'의 이미지를 곧바로 '대학생'으로 떠올려 버리는 바람에, 나는 대학생을 대상으로 하는 프로그램들이나 강의에는 참여할 수 없었다. 방황과 경험을 '청춘'에게 독려하는 사회였지만, 그것은 대학생에게만 허락된 것이었다. 대학생보다 더 과한 포장지로 나를 포장하려 했던 나는, 결국 포장지를 구하지 못한 채 내 본모습을 들켜 버렸다. 젊었을 때는 무엇을 경험하든 다 값진 경험이라며 방황을 독려하는 사회가 원망스러웠다. 나는 취업 시장에 진입하기도 전에 낙오자가 된 것 같아 불안했다.

그럴 때면 대학이라는 포장지를 가진 친구들이 부럽기도 했다. 물론 마냥 밝은 '청춘'의 얼굴 뒤에도 남들에게 보이고 싶지 않은 불안함이 있을 것이다. 매 학기 장학금을 받기 위해 경쟁해야 하고, 학자금 대출을 받아야 하고, 고액 알바인 과외 시장에서 살아남아야 하며, 대학을 졸업하고 바늘구멍 같은 취업의 문을 뚫어야 하는 것까지. 경기도 외곽의 부유하지 않은 동네에서 그런 걱정과 불안 없이 대학을 다닐 수 있었던 친구들은 많지 않았을 것이다.

가난한 대학생 사정을 가늠해 보며, 빚지지 않고 스무 살을 시작한 나의 인생은 그것보다 훨씬 가벼운 것 같다는 생각을 해 보기도 했다. 그러나 생각하면 할수록 그것은 자위에 불과했다. 대학을 가지 않은 내게 현실은 더 가혹하다는 것은 명백한 사실이었다. 친구들이 대학에 대한 구질구질한 이야기를 하지 않듯, 나도 나의 구질구질한 불안과 삶의 이야기를 하지 않았다.

나에게 쏟아지는 질문 앞에서 끊임없이 반복했던, 번지르르하게 포장했던 말들과는 달리, 나는 나에 대한 확신이 없고 내 미래는 너무도 암울하다. 사람들 눈에는 그저 '고졸 인력'일 뿐인 내가 취업 시장에서 살아남을 수 있을지, 나의 삶을 스스로 꾸려 갈 수 있는 사람이 될 수 있을지 매일매일 고민하지만 답을 찾기는 어렵다. 이제 대학 졸업을 앞두고 있는 친구들을 보면 내 미래는 더 희미한 것만 같다. 어느 것도 이루어 내지 못한 내 존재는 '청춘'이 아니라 한낱 '잉여'에 불과하지 않을까? 자책이 꼬리를 물고 늘어지는 밤에는 너무도 우울해서 잠을 이룰 수 없다.

중요한 것은 대학이 아니라 '어떻게 살아가고 싶은가'

많은 사람들이 대학을 가지 않고 살아가는 내가 그때의 선택을 후회하는지, 만족해하는지 궁금해한다. 그러나, 나는 그들에게 되묻고 싶다. 왜 그때의 나는 이런저런 많은 사람들의 삶을 들여다볼 기회 없이 대학에 갈 것인가 가지 않을 것인가에 대한 선택을 종용받았어야 했는지. 그때 내게 필요했던 것은 대학에 가고 안 가고의 선택이 아니라 '어떻게 살아가고 싶은가'에 대한 고민이었다. 그 당시에 더 많은 사람들의 삶을 참고할 수 있었다면, 좀 더 많은 사람들을 만나며 다양한 삶을 경험했더라면, 지금보다 덜 불안했을지도 모른다. 내 선택을 후회하지는 않지만 선택에 대한 대가는 예상보다 가혹했다.

'열아홉 살 그때로 돌아갈 수 있다면, 나는 다른 선택을 내릴까?'라는 상상을 혼자서 해 본 적이 있다. 몇 번이나 머릿속으로 그려 보아도 역시, 대학에 갈 수는 없다. 학교를 자퇴했던 그때의 상황은 지금과 별로 다를 게 없고, 여전히 나는 등록금을 마련할 수 있는 경제적 능력을 갖춘 사람이 아니다. 다만, 다시 돌아간다면 조금 더 진중하게 '학벌'이라는 울타리 없이 내가 자본주의 사회에서 스스로의 삶을 어떻게 책임지며 살아남을 수 있을지 여러 방법을 고민할 것 같다. 그리고 나에게 삶의 기반이 되어 줄 든든한 울타리를 만들려 할 것이다.

대학을 다니거나 졸업한 친구들과는 같을 수 없는 삶의 고민 때문에, 어디다 털어놓지 못하고 남몰래 속을 앓았던 적도 무수하게 많다. 그런 경험 속에서 깨달은 것은 정서적인 고립에서 건강하게 나를 지켜 나가는 것도 꽤나 중요하다는 것이다. 현실과 조건을 인지하고 어떻게든 살아갈 길을 모색하는 사람들을 현실에서 많이 만나 조언도 얻고 정보를 주고받았더라면 조금 덜 불안한 채로 행복하게 나의 삶을 꾸려 갈 수 있었을지도 모른다. 하지만 나는 그것을 간과했고 그로 인해 혼자만의 고민에 빠져긴 시간을 우울하게 보내야 했다. 그 시간들이 아주 의미 없었던 것은 아니다. 스스로의 선택에 대한 대가를 혹독히 치른 덕에 일찍이 나의 불안을 마주할 수 있었으니 말이다.

나의 대학거부는 '현재진행형'

아직도 나는 매년 대학을 가야 하나 고민하고 있다. 어쩌면 나는, 내가 결국 고졸 검정고시를 본 것처럼, 사촌오빠가 스물다섯 살에 수능을 다시 보고 대학에 간 것처럼, 어느 날 지난 시간들을 뒤로하고 세상과 타협해 대학에 갈지도 모른다. 그러나 나는 쉽사리 행하지 못할 것이다. 대학을 간다고 해서 지금의 이 불안에서 벗어날 수 없으리라는 것도, 그 삶엔 지금의 내가 모르는 또 다른 삶의 고충들이 있으리라는 것도 잘 알고 있기 때문이다.

내게 자유와 해방 같았던 대학거부는, 일평생 단 한 번의 선택이 아니라 평생의 삶에서 용기를 내어야 지속할 수 있는 일이었다. 지금도 입시의 문턱에서 갈등 중인 나에게 대학거부는 현재진행형이다. 그렇기에 이 학벌사회에 널려 있는 대학 합격 수기가 아닌 그 굴레 속 개개인들의 '삶'의 이야기에 나의 이야기를 보태고 싶다. 친구들에게도 쉽사리 하지 못했던 구구절절한 삶의 고민을 털어 내 보고 싶다. 고등학교를 자퇴할 무렵 내가 그랬던 것처럼 '대학'이라는 굴레에서 억압받고 있는 사람들의 이야기가 간절한 사람들이 있을지도 모른다. 그 사람들이 들을 수 있도록 '대학'이라는 굴레에 대해서 더 이야기했으면 좋겠다. 대학에 가도, 가지 않아도 불안한 우리가 불안의 실체를 마주하고 떠들었으면 좋겠다. 그것이 전복의 시작이 될 것이다.

2부

횡설수설한 나날들

졸업장 없이
살 수 있을까

초졸로 살아간다는 것

고예솔

얼마 전 정류장에서 버스를 기다리고 있는데 어떤 아저씨가 길 좀 물을 수 있겠냐고 말을 걸어 왔다. 길을 알려 드렸는데 버스 시간도 남고 심심하셨던지 대뜸 내게 말을 건네셨다. 어느 대학 다니냐고. 한국 사회에서 이건 거의 안부 인사 수준의 물음이다.

처음엔 이런 질문을 받으면 별 생각 없이 "대학 안 다녀요"라고 말하고 다녔다. 컨디션이 좋을 땐 내가 대학을 거부했다는 사실과 그 이유까지 덧붙여 설명해 주기도 했다. 하지만 그럴 때마다 질문은 곱절로 돌아오고 간간이 훈계와 충고도 동반됐다.

만나는 사람의 수가 늘어날수록 그런 경험도 수십 번 반복됐다. 그러다 보니 더 이상 솔직하게 말하기가 싫어지고 귀찮아졌다. 이제 나는 '어느 대학 다니냐'는 질문에 비교적 만만한 대학교 학생을 사칭하거나 풀 죽은 얼굴로 고개를 푹 숙이곤 한다. 사실 후자가 더 잘 먹히는데 내가 고개를 푹 숙이면 더 이상 묻지 않는다. 가끔은 미안하다는 사과도 받을 수 있다.

나는 초졸이다

대학을 가지 않으면 무시와 차별을 당할 것이고 저임금 고노동에 시달리다 비참한 노년을 맞게 될 거라는 두려움을 전 사회가 일상적으로 심어 준 덕분인가, 한국 사회에서 대학은 선택이 아니라 의무가 돼 버렸다. 청소년기의 끝이 대학으로 귀결되면서 청소년들은 대학이 아닌 무언가를 시도하고 실패해 볼 수 있는 기회를 잃어버렸다. 적절한 학습의 양은 '내가 좋고 만족할 만큼'이 아니라 '남보다 많이'이다. 소위 이름 있는 대학의 정원은 한정되어 있고 내가 그 자리를 차지하기 위해서는 남들보다 더 많이 알아야 하기 때문이다.

나는 오래전부터 의미 없이 공부하는 것에 대한 혐오를 갖고 있었다. 취업을 위해, 노후를 위해, 졸업장을 위해 의미 없는 지식을 억지로 머리에 넣는 것이 싫었다. 사회나 역사 공부는 좋아했지만 수학의 복잡한 공식들을 익히는 것은 너무 고역이었다. 그러던 중 어느 선생님으로부터 지식의 홍수 시대에서 중요한 건 지식의 양이 아니라 지식을 찾는 방법이라는 말을 들었다. 그 말은 나한테 큰 울림을 줬다. 그 선생님 말씀처럼 내가 아무리 공부해 봤자 포털사이트의 지식 양을 따라갈 수는 없었다. 나는 그 길로 계산기를 구비했다. 그리고 미련 맞은 억지 공부를 그만두게 되었다.

그 뒤 나는 중·고등학교를 비인가 대안학교로 진학했다. 대안학교는 자유로운 곳이었다. 규제도 거의 없었다. 학교에서 제일 중요한 가치는 '더불어 행복하게 사는 것'이었고 많은 규제 없이도 그런 사람이 될 수 있다고 믿는 곳이었다. 최소한의 과목들을 제외한 나머지 시간은 본인이 조정할 수도 있었다. 국·영·수만을 강요받는 대신 집을 만드는 법, 옷을 짓는 법, 물에 빠졌을 때 수영하는 법, 먹을 수 있는 야생 열매를 구별하는 법, 땅을 일구는 법 등 자신이 필요하다고 생각하는 것들을 함께 배울 수 있었다. 무엇보다도 내가 뭘 하고 싶은지 사색하는 시간을 많이 가질 수 있었다. 자신이 결심한 길에 대한 경험도 가능했다.

나는 여가 시간에 기타를 둘러매고 저수지로 걸어가 노래를 부르고 경치를 즐기며 느긋한 시간을 보내는 것을 좋아했다. 내 인생에 대해 고민해 보고 나의 내면을 돌아보는 시간을 많이 가졌다. 자기만을 위한 시간을 많이 갖는 것이야말로 청소년이 가져야 할 가장 큰 권리라고 생각했다. 하지만 한국 공교육 내에서 청소년들은 중·고등학교 내내 대학을 위한 공부를 자의 반 타의 반으로 하고 대학에 진학할 때가 되면 성적에 맞춰 그중에서 돈을 제일 잘 벌 수 있는 과로 진학한다. 뭔가 뒤죽박죽이다. 나는 그것이 잘못되었다고 이야기하고 싶었다. 대학거부선언이라는 방식을 통해서 말이다.

대학을 거부하겠다는 이야기를 하고 나서 많은 충고와 걱정, 훈계를 듣게 됐다. 내가 들었던 훈계는 함께 대학거부를 했던 친구들이 듣던 것과는 조금 달랐다. "네 뜻은 알겠지만 중·고등학교는 졸업해야 하지 않겠니?"가 바로 그것이다. 학력 인증이 되지 않는 대안 중·고등학교를 졸업했으니 검정고시라도 봐야 하지 않겠느냐는 말이었다. 하지만 나는 끝내 검정고시를 보지 않았다. 검정고시를 보는 것은 학력으로 사람을 평가하는 세상에 반대하는 내 생각을 굽히는 행위 같아 자존심이 상했다.

그때는 졸업장 없이도 나는 멋진 사람이라는 오만에 가까운 자신감이 있었다. 돈과 졸업장 따위를 행복보다 우선에 두는 사람들과는 다르게 나의 삶은 가치를 좇아야 한다고 생각했다. 졸업장이라는 것에 대한 열등감이 한 톨도 없었다면 그랬을까 싶을 정도로 강박이 심했다. 이런저런 경험과 생각을 거쳐 온 지금은 그런 강박에서 조금 벗어난 듯하다. 그리고 문자 그대로 나는 내가 마음에 든다. 굳이 검정고시나 입시 따위로 나를 학대할 마음이 안 들 만큼 말이다. 그렇게 나는 초졸자로 남았다.

패배하거나 패배감을 느끼거나

재작년, 반년 동안 마트 제과 코너에서 판매 사원으로 일을 했다. 하루 10~12시간, 주 5~6일씩. 몸이 못 버틸 정도로 힘들진 않았지만 다른 것을 할 시간이 전혀 없었다. 나는 하고 싶은 공부도 많아서 처음에는 일과 공부를 병행할 생각이었지만 퇴근 후와 휴일에 온전히 쉬지 않으면 다음 날 일을 할 수 없을 정도로 피곤했기에 서서히 공부는 포기하게 됐다.

일이 늦게 끝나면 차가 끊겨 집에 갈 수가 없었다. 매번 택시를 탈 수도 없는 거리여서 마트 근처에 제일 싼 고시원을 잡고 생활했다. 방에는 불에 탄 흔적도 있었고 이불을 개면 바닥에 개미가 바글바글했다. 샤워실도 남녀공용이라 씻고 있으면 얇고 불투명한 유리문 앞으로 아저씨들이 왔다갔다하는 것이 보였.

어느 날 아침, 고시원에서 자고 일어나 출근을 하는데, 허름한 점퍼를 입은 한 아주머니가 고시원 계단에 쭈그리고 앉아 편의점 빵을 먹고 있는 게 보였다. 그 모습을 보는데 갑자기 두려움이 몰려들었다. 그분이 무슨 사연을 품고 있고 어떤 상황에 처해 있는지도 모르면서 나의 노후가 꼭 그런 초라한 모습일 것 같다는 생각에 걷잡을 수 없이 불안해졌다.

더 나은 일자리를 찾고 싶어 구직 사이트도 숱하게 들락날락거렸다. 하지만 학력을 보지 않는 곳은 대개 비슷한 조건이었다. 근무 조건이 더 낫다고 해서 학력을 보는 곳에 넣을 수도 없었다. 내가 왜 초졸인지에 대해 구구절절 설명해야 하는 것도 싫었고 그렇게까지 했는데 떨어지는 것은 더 싫었다. 이보다 나은 조건의 일자리를 구할 수 없을 것 같다는 생각이 점점 굳어졌다. 하루 10시간씩 주 6일보다 적게 일하면서 돈을 좀 더 많이 벌 수 있는 직업은 영원히 얻을 수 없을 것 같았다.

그러던 어느 날, 대안학교 은사님의 부고 소식이 들려왔다. 장례식장이 지방이라 조퇴를 해야 했는데 일터에서는 끝내 허락해 주지 않았다. 분한 마음에 나는 다음 날부터 출근하지 않았다.

비정규직-아르바이트로 생계를 꾸려 가는 것, 사실 힘들다. 최저임금을 겨우 웃도는 임금을 받아 생활비를 빼고 나면 남는 돈이 거의 없다. 주변의 시선, 돈 문제, 노후에 대한 걱정, 어느 것 하나 힘들지 않은 것이 없다. 의식주와 문화생활을 적당히 누리고 남는 얼마를 저축하는 중산층의 삶은 꿈도 못 꾼다. 통장에 돈이 바닥나서 카레 가루를 한 봉지 사다 놓고 물만 넣고 끓여 먹은 적도 있다. 나는 그때 '생활고'라는 단어를 비로소 이해했다.

예전에는 돈만 보고 사는 삶이 불행하고 실패한 삶이라는 어떤 확신이 있었다. 가난하고 소박하게 살겠다는 다짐이 없었다면 학벌을 떠나 자유롭게 살리라는 결심은 하지 않았을 것이다. 돈이 행복의 척도가 될 수 없다는 생각은 여전하다. 하지만 가난이 행복을 가리는 막이 될 수는 있지 않을까. '조촐하게 먹고살 만큼'의 돈도 없게 되면? 나는 고기를 먹지 않으면 너무 불행한데 돈이 없으면 고기를 먹을 수 없듯 말이다. 대의가 나의 삶을 어루만져 줄까? 순간순간의 고난은 있더라도 결국엔 행복에 안착해야 하는데 과연 그럴 수 있을까?

미성년자일 때까지만 해도 나는 나름 중산층으로 살았었다. 부끄럽지만 중·고등학교와 대학을 가지 않은 선택도 내가 다른 길을 찾을 때까지 부모님의 지원이 뒷받침될 것이라는 믿음이 있었기에 가능했다. 비겁하다는 생각도 들었지만 살려면 어쩔 수 없다는 면죄부를 스스로 주기도 했다. 학벌에는 반대하지만 어쨌거나 대체 경쟁력이 있어야 한다는, 그러니까 학벌이 있는 사람들이 가지지 못한 다른 능력을 가져야 한다는 생각은 무의식중에 늘 있었고 그래서 유학을 염두에 두고 있었다.

하지만 내가 고등학생이 되던 해, 갑자기 아버지가 돌아가시고 가세가 기울기 시작하면서 집에서 지원을 받을 수 없는 상황이 되어 버렸다. 나는 버려진 미아 같은 기분을 떠안게 되었다. 언제까지나 부모님 집에 얹혀 지낼 수도 없어 자취를 시작했지만 당장 자리 잡을 수도 없는 노릇이었다. 보증금은 언제 오를지, 월세는 언제 오를지 걱정해 가면서 셋방을 전전하는 생활을 얼마나 지속할 수 있을까. 나는 더 이상 중산층으로 살 수 없구나 하는 서러움이 밀려들었다. 이제 정말 내 힘으로 살아야 했다.

여러 가지 어려움들, 특히 경제적 어려움에 시달릴 때면 초-중-고-대학, 이렇게 정해진 그 길로 다시 걸어가 볼까 하는 유혹에 빠지기도 한다. 바짝 공부하면 2~3년 안에 대학에 갈 수 있을지도 모른다. 몇 년 후엔 졸업을 할 테고 그 후엔 직장을 잡고 일을 할 것이다. 정규직일지 모른다. 중산층의 삶으로 돌아갈 수도 있을 것이다.

하지만 이제 와서 모두가 가는 길에 편승하는 건 싫기도 하고 불가능하기도 하다. 나의 중·고교 시절은 의미와 행복에 대한 고민으로 가득 차 있었다. 의미 없는 공부를 해 본 적이 없다. 우겨 넣기식 공부를 해 본 적은 더더욱 없다. 필요하지 않은 공부, 입시만을 위한 공부를 나는 할 수 없다. 미래를 위해 현재를 희생하며 아무 의미 없이 보내는 시간은 상상도 안 된다. 학벌사회라는 체제에 편입됨으로써 느낄 패배감은 어떻고. 나는 이것들을 감당할 생각이 없다.

소외된 언어

지금은 화장품 가게에서 아르바이트를 하고 있다. 같이 일하는 언니들은 모두 대학을 다니다 휴학하고 취직한 직원이고 나만 아르바이트생이다. 시급 5,400원을 받고 하루에 5시간씩 일한다. 화장품 가게는 학력을 요구하는 곳이다. 고졸은 돼야 이력서를 제출할 수 있는데, 나는 같은 사장이 운영하는 아이스크림 가게에서 아르바이트를 하다가 화장품 가게에 인원이 모자라서 옮겨 오게 됐다. 직접 이력서를 내고 면접을 봤으면 떨어졌을지도 모르니, 운이 좋았다고 해야 하나.

같이 근무하는 언니들과 최근 여행도 다니고 술도 먹으면서 사생활까지 공유하는 사이가 되었다. 사람들과 대화를 하다 보면 대학에 대한 질문이 꼭 나오기 마련이다. 얕은 관계를 유지해도 되는 사람들에게는 앞에 말한 것처럼 거짓말을 하거나 고개를 푹 숙이는 것으로 그 순간을 모면하지만 지속적인 관계를 맺어야 하는 사람들에게는 그럴 수도 없다.

그래서 새로운 사람을 만나 깊은 관계로 변해 갈 때마다 '내 학력 이야기를 해야 하나 말아야 하나', '한다면 어떻게 해야 하나'를 굉장히 고민한다. 이제 "대학 안 가요", "일해요" 정도나 "고등학교 자퇴하고 검정고시 봤어요"까지는 이제 어느 정도 일반적인 경우로 받아들여지는 것 같은데 "초졸이에요"는 그렇지 못하다. 나만 해도 주변에 학력이 초졸인 사람은 나 말고 보지 못했다. '내가 생각하는 문제들이 다른 사람들에게는 문제가 아닐 수 있겠다', '내 선택이 이 사회에선 이해받을 수 없는 것일 수도 있겠다'는 생각을 하며 열등감 같은 것도 가지게 되었다.

실제로 내 학력을 말했다가 '쌩날나리' 내지는 문제 있는 사람 취급을 받아 본 적도 여러 번이다. 호의를 가지고 있는 사람에게 솔직하게 이야기를 했다가 한순간에 적의로 변하는 눈빛을 본 적도 있다. 얼마나 끔찍한 경험이었는지 모른다. 그 일이 있은 뒤로 나에 대해 이야기하는 것이 더 무서워졌다. 세상에 이야기를 건네려고 공개적으로 대학거부를 선언한 주제에 말하는 것에 대한 두려움에 사로잡혀 있었다.

하지만 그렇다고 같이 일하는 언니들에게 언제까지 내 이야기를 안 하고 살 수도 없는 노릇이었다. 그래서 가능하면 이야기를 꺼내기 전에 물밑 작업을 치밀하게 하자 싶었다. 일단 사회 문제에 대해 이야기를 많이 나누었다. 내가 말하는 가치들에 끄덕여 준다면 이해받을 가능성도 높아진다고 생각했기 때문이다. 진보 정당에 대한 뉴스가 나오면 그에 대한 생각을 묻고 내 생각을 이야기했다. 학교폭력이나 각종 규제에 대한 이야기에서부터 각종 정치 문제에 대한 이야기가 나와도 마찬가지였다. 이런 식으로 내 생각과 상대의 생각을 공유해 나갔고 마침내 어느 날 나의 학력에 대한 말을 꺼냈다. 이러저러한 이유로 대안학교를 다녔고 검정고시를 보지 않았고 대학을 거부했다고.

"그렇구나."

그동안의 고민과 노력이 무색해질 정도로 간단하게 넘어갔다. 그러고도 안심이 안 됐던 터라 나는 내가 이상해 보이지 않느냐고 재차 물었다. 언니들은 그걸 왜 이상해해야 하냐고 되물었다. 이렇게 쉽게 이해받을 수도 있는 거구나. 맥이 탁 풀렸다. 동시에 내 속의 열등감 내지는 두려움도 조금 희석되었다.

물론 이 한 번의 경험으로 사람을 만나고 내 이야기를 할 때 느끼는 망설임이 없어지진 않을 것이다. 하지만 이런 사람도 있고 저런 사람도 있다는 걸 깨닫고 나니 나를 이해해 주지 못하는 사람을 굳이 이해시키려고 과도하게 애쓸 필요가 있나 하는 생각도 든다.

행복을 강요하지 마세요

사람들은 일반적인 삶과 다른 선택을 한 사람에게 늘 성공을 기대한다. 성공한 삶을 살지 못하는 사람의 선택은 실패한 것으로 간주하고 무시한다. '그럼 그렇지. 그럴 줄 알았어. 혼자 잘난 체하더니 꼴 좋다!'라고 조롱한다.

나는 대안학교를 다닐 때부터 이런 식의 기대와 조롱 섞인 시선을 함께 받았다. 그 때문에 항상 남들이 깔보지 않을 만한 삶의 계획을 짜야 했고 대안학교에서 다른 식의 직업 훈련을 받아야 한다는 압박감을 갖게 되었다. 청소년기가 직업 훈련기로서만 존재해야 하는 것이 아님을 잘 알면서 말이다.

대학거부라는 다른 선택을 할 때도 그랬다. 선언 후에 모 시사 프로그램에 출연한 적이 있었는데, 대학거부선언 이후의 삶의 계획에 대해 물었을 때 나는 '대안대학교' 이야기를 했었다. 일반 학교를 가지 않고 대안학교를 갔던 것처럼 대학을 안 가는 대신 대학을 대체해 갈 곳이 필요해 보였다. 그 계획을 실현함으로써 어디 한 군데 빠지지 않는 삶을 살아야 할 것 같았다. 지금 돌아보면 참 바보 같은 생각이지만 그때는 그래야 내 삶이 인정받을 것만 같았다.

대학거부를 선언한 이후에는 행복하냐는 질문을 많이 받는다. 그것은 '대학을 가지 않고도 돈 걱정 안 하고 잘 먹고 잘 살 수 있을 것 같냐'는 질문으로 들렸다. 그런 질문들을 받을수록 대학을 가지 않아도 걱정 없이 살 수 있다는 것을 보여 줘야 한다는 마음의 부담도 커져 갔다.

하지만 이제 나는 행복해져야 한다는, 잘 살아야만 한다는 압박에서 벗어나려고 한다. 내가 어떻게 잘 살 수 있단 말인가. 나는 다른 길을 선택했다. 모두가 가는 아스팔트 포장길 말고 그 옆의 험한 가시밭길로 걷기를 선택했다. 당연히 힘들고 아플 수밖에 없다. 《아프니까 청춘이다》 같은 책이 잘 팔릴 정도로 다들 그렇게 힘들다는데, 게다가 외진 가시밭길이라니. 그 길을 걸어가는 우리의 발이 얼마나 더 엉망이 될지 가늠도 잘 안 된다.

대학거부선언 당시 우리를 향해 노골적인 거부감을 표현했던 몇몇 사람들은 우리가 아픈 기색을 내비치면 득달같이 달려들어

물어뜯을 것이다. "거봐! 내가 대학거부하면 쓰레기 된다고 했지!" 하면서 말이다. 하지만 그건 너무 잔인하다. 왜 모두가 아픈 세상에서 우리만은 '야호' 하면서 밝아야 하지?

 반대로, 대학을 가지 않아도 행복한 삶을 누릴 수 있다는 희망을 심어 주는 어른들이 있다. 그들의 말을 그대로 믿어선 곤란하다. 그 사람들은 대부분 대학을 나온 사람들이다. 심지어 명문대 출신일 가능성이 높다. 내가 만났던 교사들을 포함해 주변 어른들도 그랬다. 대부분 386세대였다. 나는 그들로부터 "대학 안 가도 된다", "학력은 아무것도 아니다", "대학 졸업장은 살아가는 데 소용이 없다"라는 말을 귀에 못이 박힐 정도로 듣고 살았다. 하지만 내가 졸업장 없이 부딪혀 본 현실은 전혀 그렇지 않았다. 여전히 한국 사회는 학력과 학벌의 체계로 공고하게 짜여져 있다. 자신들이 살아 보지 않은 삶에 대해 "현실은 이렇다"라고 단정 지어서는 안 됐다.

 나의 선택을 후회한다는 말이 아니다. 다만 대학거부 이후의 삶을 단정 짓고 미화하는 게 싫을 뿐이다. 대학을 안 가도 똑같은 삶의 조건이 주어지는 것처럼 행복한 삶을 자신 있게 장담하는 사람이 있다면 그 사람은 공갈빵을 한가득 사 먹어야 한다. 누군가의 행복은 함부로 장담해 줄 수 있는 부분이 아니다. 이런 식의 장담 역시 우리에게 성공적인 삶을 강요하는 다른 버전의 압박에 불과하다.

헛된 희망을 심어 주거나 우리의 불행을 통쾌해하는 대신 가위를 들고 가시를 잘라 나가는 작업을 함께할 수는 없는 걸까? 중·고등학교가 대학만을 좇지 않고 원래의 목적을 되찾을 수 있도록 노력할 순 없을까? 이력서의 학력 기재란을 없앨 수는 없을까? 대학을 선택하지 않아도, 선택하지 못해도 하고 싶은 일을 하면서 먹고살 수는 없는 걸까? 원래는 대학을 가는 길과 안 가는 길, 양쪽 모두 곧고 평평하게 존재해야 하는 길이다. 대학은 수많은 선택지의 하나로 존재해야 한다.

그럼에도 불구하고

이런 현실에도 불구하고 누군가 대학에 대한 맹목적 추종에서 벗어나 본인의 삶을 들여다보고 자기 삶의 주인이 되고자 대학 거부를 고민하고 있다면 나는 이렇게 말해 주고 싶다. 가난한 삶을 감당할 자신이 있으면 선택하라고. 정말 힘들고 팍팍하다고. 다만 등가교환의 법칙은 분명 성립할 거라고.

나는 대안학교에 가서 억압적인 공교육과 학벌사회를 거부했고 대학마저 거부했다. 그래서 정해진 레일에 따른 중산층 되물림권, 즉 경제적 안정을 잃었다. 대신 그런 일련의 경험을 통해 청춘, 자유로운 영혼, 나의 목소리를 얻었다. 덤으로 명석함도 말이다. (나는 너무 명석하다! 잔머리 정도지만 가끔은 나도 나의 명석함에 놀라곤 한다. 나의 젊은 날을 대입 준비와 경쟁으로 빡빡하게 보내지 않고 그 시간 동안 나에게 필요한 것을 경험했던 것은 내 인생의 신의 한 수였다.)

하기 싫은 것을 하지 않을 수 있는 자유에서 오는 기쁨은 엄청난 것이다. 사람들은 하기 싫은 것을 하지 않으면 사회 암적인 존재가 될 거라고 생각하지만 그것은 생각처럼 해를 끼치는 것이 아니다. 한 인간의 삶으로서는 말이다. 연말 인사로 '올해도 살아남은 것에 건배합시다'라는 말이 흔하게 오가는 세상인데 쓸데없는 불안을 그냥 흘러가게 두는 것, 나를 위한 시간을 더 갖는 것이 뭐 어떤가. 내일 죽어도 억울하지 않은 삶을 실현하면서 살면 안 되는 걸까?

분명 점점 좋아지고 있다고 생각한다. 예전보다는 대학에 가지 않는 사람들이 늘어 가는 추세이고 고교 졸업 후 자신이 하고 싶은 일을 찾는 사람들도 많아졌다. 대학 등록금을 걱정하지 않아도 될 만큼 가정 형편이 넉넉하다면 대학에 갖다 줄 돈을 대학 외의 많은 경험을 하는 데 쓰는 것이 삶을 훨씬 풍족하게 만들 거라는 생각도 한다. 나는 자발적 가난을 택하고 돈보다 가치 있는 것들을 누리고 사는 사람을 많이 봐 왔다. 종종 알 수 없는 미래가 불안하다가도 그런 사람들을 떠올리면 마음이 진정되곤 한다. 생각보다 많은 사람들이 끊임없이 이와 같은 입시 경쟁 교육, 학벌사회의 모순을 비판하고 '가시'를 잘라 내는 작업을 해 나가고 있다는 사실도 큰 힘이 된다. 나의 삶도 그런 작업의 일환이고 싶은 마음이 크다.

몇몇 사람들의 실천으로 쉽게 바뀌지 않을 세상이라는 것을 안다. 그럼에도 불구하고 노력은 계속된다. 나아질 것이다. 우리의 목소리와 행동으로.

이런 일 해야 하는 사람
유예된 노동 이야기

→ 공기

출근을 해야 했다.

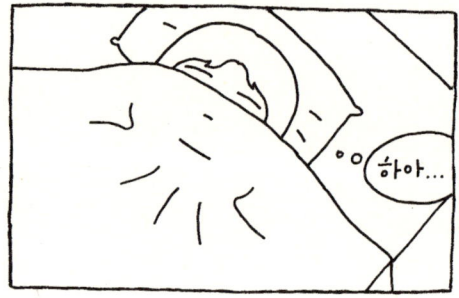

이런 일 해야 하는 사람

최저임금이라 월급이 쥐꼬리만 한 공장에 다녔었다.

출근길에 지나치는 대기업 공장을 자주 바라보았는데

내심 그들이 부러웠던 적이 많다.

출근을 했더니 가장 가까웠던 언니가 그만둔다고 한다.

언니는 30대 중반의 여성이었다. 10년간 일했던 반도체공장에서
명퇴를 당한 후 작은 공장으로 오게 됐다.

언니의 말이 씁쓸했다.

언니가 제대로 된 일자리를 찾을 확률은 얼마나 될까.

결국 공장엔 새로운 이모가 들어왔고

모든 것은 그대로였다.

누구 말마따나 사람 한 명 없다고 공장이 안 돌아가는 건 아니었다.

한 사람의 부재가 같이 일했던 동료에겐 걱정과 부담이었을 것이다.

의외의 취중 진담이었지만

사실이 그랬다.

고리타분한 회사였기에 별다른 기대는 없었다.

이모의 말이 그 순간 큰 위로가 되었지만

무작정 현실에 부딪힌 느낌이었다.

대학 졸업장이란 게 사무실에서 일할 수 있고 없고의 기준이 된다니. 괜스레 억울했다.

결국 돈 때문에 공장을 옮겼다.

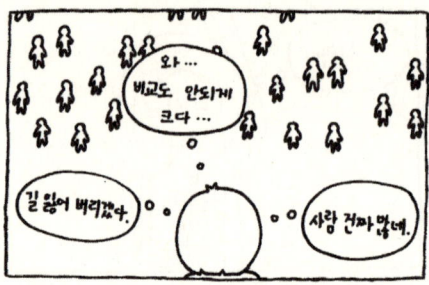

새롭게 일하러 간 대공장에선 더 나이 많은 이모들을 만났다.

나를 따라다니는 질문이었다.

조금 황당한 대답에 다른 사람의 생각이 궁금해졌다.

여기서 일하는 정규직의 대부분이 대졸자가 아니라는 특징 때문에
학벌보단 자신이 정규직이라는 자부심이 더 커 보였다.

일은 생각보다 많이 힘들었다.

어렸을 적 막연하게 서울로 이사 가면
당연히 좋은 대학에 갈 수 있을 거라 생각했다.

씩씩하고, 기죽지 않고, 일찍 어른이 됐다고 해서
잘 살 수 있는 건 아니다.

미래를 고민하지 않는 것도 아니다.

남들 다 가는 대학을

가지 않는다고 해서 내가 없어지는 건 아니다.

앞으로도 일하고 또 일하고 계속 일하며 살 테지만

고임금에 복지 혜택이 빵빵한 직장에 들어갈 가능성도 점점 희박해지겠지만

흔히 얘기하는 좋은 일자리를 누리며 사는 삶을 꿈꿔 본 적은 없다.

대학에 가고 안정된 일자리를 가지는 건 당연한 것이라고 교육받았지만
단 한 번도 그 길에 대해서 진지하게 고민해 본 적이 없다.

미리 걱정했던 세상의 모진 말들이

정말 현실로 다가올 때

그게 단지 나의 일이 아닌 우리의 일이었으면 좋겠다.

이런 일 해야 하는 사람

그래도 살아가는 내가 있어야 하니까.

원하는 건 자유

직업 활동가와 알바 생활자 사이

김해솔

알바는 부업

2~3개월쯤 알바를 하다가 청소년인권운동활동이 바빠지면 그만두는 식으로 꽤 오래 지내 왔다. 대학거부를 선언한 2011년 말에 집에서 독립을 했으니, 그 이후로 줄곧 이런저런 알바를 했던 셈이다. 하지만 딱히 오래 있었던 곳도 없고, 정이 붙었던 곳도 별로 없어서 이렇다 할 숙련직은 없고, 카페에 음식점에, 약국에, 경험한 알바 가짓수만 늘어 간다. 청소년인권운동이 우선이고 '알바는 부업'이라고 속으로 생각하는 게 하는 짓에서 티가

나는지 몸에 안 붙는 일들도 있었고, 활동 일정이 바빠진다 싶으면 알바를 미련 없이 그만두는 일도 잦았기 때문이다. 알바를 쉬고 3개월째, 드디어 모아 둔 돈도 뚝 떨어져서 '이제 땅 파먹고 살아야 하나' 하는 공포가 슬며시 올라오던 요즘, 새로운 알바를 구했다. 한 번도 도전해 보지 않은 선물의 집 판매직. 일주일에 한 번씩 하는 풀타임 알바이다. 어찌 됐든, 굶어 죽으란 법은 없나 보다.

처음 청소년인권운동을 접한 것은 열여덟 살 때였다. 그 뒤 학교를 그만두고 2년 정도는 그냥 부모 집에 얹혀살며 활동을 했다. 그런데 청소년인권운동을 하다 보니 부모랑 라이프스타일이 너무 차이가 나서 자연스레 독립하게 되었다(정치적 입장 차이의 문제가 아니라 그저 내가 자는 시간에 부모는 깨어 있고, 부모가 자는 시간에 내가 깨어 있으니 같이 살기 어려웠다). 내가 주로 활동하고 있는 단체인 청소년인권행동 아수나로는 가난하다. 청소년인권운동의 취지에 공감하고 필요성을 느끼는 이들은 대부분 청소년인데, 어떤 단체를 후원할 수 있을 만큼 경제적으로 자립해 있는 청소년이 상당히 드물기 때문이다. 그러다 보니 회원들로부터 들어오는 CMS 후원금은 한 달에 100만 원 남짓. 단체 활동가들의 생활비를 보장하기는커녕 지부 활동을 하기에도 빠듯한 돈이어서, 활동가들은 단체 일만으로는 생활을 유지하기 힘들다. 뭐, 그래도 단체 초기에는 캠페인에 필요한 전단지, 피켓, 심지어 가판대까지 활동가들의 사비로 준비했다고 하니 지금은 나아진 것이다. 요즘도 총회를 한 번 하기 위해 두 달 동안 다른 공금 지출을 멈출 정도니 그다지 양호한 재정 상태라고 보기는 힘들지만.

이런 청소년운동의 열악한 재정 상황을 개선하기 위해 청소년활동기상청 '활기'라는 단체를 만들고 그곳의 책임활동가(시민단체의 반상근자 정도로 이해하면 될 듯하다)로 일하면서 활동비를 받았는데, 청소년운동판에서 거의 유일하게 10만 원 넘는 활동비를 줬다. 처음 시작했을 때 10만 원이었고, 1년인가 후에 15만 원으로 인상됐고, 지금은 30만 원까지 끌어올렸다. 아무튼, 그게 참 고마운 돈이었지만, 이 역시 생활비로는 모자란 돈이었다. 청소년인권운동활동가는 직업일 수는 있지만 생업이기는 아직 힘든 것이다. 결국 그래서, 나는 원래 하고 싶은 일 밖에서 임노동을 해야 했다. 이게 내가 지금 알바를 전전하고 있는 이유다.

삶은 언제나 갈림길

2011년에 대학거부선언을 앞두고 가졌던 공포는 많이 옅어졌다. 대학에 가지 않아도, 생각했던 것보다 살길은 많다는 걸 조금씩 느낀다. 대학거부선언이 '정규직'이나 '안정적'이라는 단어와의 결별이라고 생각했던 것과는 다르게, 내가 자주 구하는 알바를 봐도 커피 전문점이든 음식점이든 대학 졸업장이 없다 해도 충분히 정규직이 될 수 있는 곳들이 꽤 있었다. 오히려 휴학 중이나 방학 중이 아니라 무직 상태인 나를 더 선호하는 곳도 종종 있었다. 물론 4년제 좋은 대학 나온 사람들만 뽑는 화이트칼라 직장과는 꽤나 거리가 있는 노동 환경이지만, 정규직은 정규직인 거다. 나와 함께 일하던 사람들 중에 알바로 시작했다가 정규직으로 전환하는 사람도 여럿 있었다. 그런 걸 볼 때마다 저런 방향의 삶도 있구나, 하는 생각을 하면서, 나는 언제나 갈림길에 서 있다는 느낌을 받는다.

대학입시, 혹은 거부라는 이름의 갈림길을 한참 지난 곳에도 어김없이 선택의 기점은 존재했다. 이번에는 입시 혹은 거부라는 식의 두 갈래길이 아니라 '어떤 방식으로 살아가고 있는지'에 대한 자기 점검과 '앞으로 어떤 방향으로 나아갈지'에 대한 고민이라는 망망대해에 떠 있는 느낌이다. 지금이 그 선택의 시점인지, 아니면 그런 건 원래부터 없었는지도 잘 모르겠다. 아마, 내가 더 나이를 먹어서 더 이상 서비스 업종에서 아르바이트를 구하기 힘들어질 때까지 고민은 계속될 것이다. 내가 반드시 청소년운동을 계속하리란 법은 없지만, 내 시간을 주로 돈을 버는 데 쓰는 삶을 선택할 것이냐 말 것이냐의 문제는 운동을 지속하는 것과는 전혀 다른 문제이기 때문이다. 만약, 아주 만약 활동을 그만두더라도 이 고민은 남을 것 같다.

무늬만 정규직은 필요 없다

어떤 커피 전문점에서 일하던 때였다. 나는 매일 아침 출근해서 정해진 5시간을 채우고 돌아오는 식으로 일했지만, 그곳의 '매니저'들은 세 파트를 돌아가며 교대 근무를 하는 시스템이었다. 오픈, 미들, 마감이라는 꽤나 흔한 형태였지만, 그 흔한 형태를 유지하기 위해서 일하는 이들은 몹시 고생했다. 쉬는 날도 매주 바뀌고, 밤과 낮도 계속 바뀐다. 스케줄은 한 달에 한 번씩 짜는데, 그 한 달 동안도 매일매일이 불규칙하다. 마감 시간에 일하고 다음 날 오픈 시간에 나오는 직원들은 죽을상을 하고 있었다. 수면 시간도 일정하지 않고 끼니때도 일정하지 않은 속에서 그들은 나름 이리저리 자신의 시간과 일하는 시간을 꿰어 맞추며 일상을 재구성했다. 독일 유학을 위한 비용을 마련하려고 취직했던 한 직원은 일하느라 독일어 공부를 놓게 되었다며 애를 태웠다. 그는 결국 6개월 동안만 근무하다가 독일에 사진 공부를 하러 간다며 훨훨 떠나갔다.

서비스 업종의 정규직은 사실 말만 정규직이지 전혀 안정적이지 않다. 이런 곳에서 정규직은 안정적 고용 형태를 말하는 게 아니라 사장 혹은 본사가 더 오랜 시간 일을 시켜 먹을 수 있는 고용 형태일 뿐인 것이다. 계약 형태도 직접 고용이 아니라 외주였는데, 그런 형태로 고용하더라도 본사에서는 굳이 파트타이

머와 매니저를 따로 뽑고, '매니저는 정규직'이라고 강조하며 더 열심히, 책임감을 가지고 일할 것을 주문했다.

청년 일자리 문제에 대한 이야기가 이제는 진부하게 들릴 정도로 취업난은 계속된다는데, 쌓아야 할 스펙은 산더미이며 자기소개서는 자기소설서가 되어 간다는데, 나는 어째선지 다른 세계 이야기 같다는 생각을 자주 한다. 서비스업 위주의 프랜차이즈들은 언제나 인력난이라며 투덜대고, 덕분에 나는 "내일부터 당장 출근 가능하냐", "1시간 더 일할 생각 없냐" 따위의 질문도 자주 받았다. 그럴 때마다 "부모님이 반대한다", "해야 하는 공부가 있다", 심지어는 "대입을 준비한다(세상에!)" 따위의 거짓말로 요리조리 시간을 사수하려 애쓴다. 그렇게 1시간, 2시간 알바에 갉아 먹히다 보면, 활동할 시간, 혹은 알바 외의 시간 자체가 굉장히 줄어들기 때문이다. 돈은 좀 없어도 알바하느라 시간을 다 쓰는 건 사절이다. 세간의 눈으로 보면 '사회 부적응자'라 해도 딱히 반박할 마음이 들지 않는 내가 이렇게 비싸게 굴 수 있다는 게 참 우습고도 씁쓸하다.

다시 강조할 것도 없지만, 꼴랑 나 정도 스펙의 사람이 비싸게 굴 수 있는 직장은 노동 환경이 참 열악하다. 그럼에도 불구하고 내가 굳이 이런 곳에 취직하게 되는 것은 역시 '스펙'이 달리는 것도 한몫한다. 알바 면접 때마다 간단한 이력서를 챙겨 가는데, 인적 사항이나 알바 경력 등을 곧잘 적어 내면서도, 언제나 뒷면은 공백이다. 뒷면은 '자기소개'를 쓰는 칸인데, 이것만은 도저히 못 쓰겠다. 자격증 같은 건 어차피 쓸 만한 것도 없거니와, 그 이전에 자기 자신을 꾸미는 말을 쓸 줄 모른다는 걸, 그리고 꾸밀 재료가 전혀 없다는 걸 새삼 느끼게 된다. 내가 취업을 위해 한 글자, 한 줄을 더 적어야 하는 곳은 그만큼 나에게서 가져가고 싶은 것도 많은 곳일 것이다. 돈을 좀 더 받는 대신, 내가 하고 싶은 활동보다 '직장에 대한 충성'을 우선시해야 한다는 의미이다.

그래서 나는 회사 양식에 따라 사진을 첨부한 이력서를 제출하라는 식의 깐깐한 업장에는 절대 지원하지 않는다. 언제나 되도록 나에 대해 별로 알고 싶어 하지 않는 곳으로 발길이 옮아간다. 취직했다가 그만두고 스쳐 지나가는 알바와 이름뿐인 정규직들이 넘치는 곳. 나 하나 빠져도 딱히 문제될 곳 없는 곳으로. 나는 언젠가, 근시일 안에 반드시 그만둘 것이기 때문이다. 평생직장은 '꿈꾸지도 못할 것'이 아니라 '굳이 꿈꾸고 싶지 않은 것'에 속한다.

임노동은 두렵다, 굶는 것만큼이나

임노동에 대해서 내가 가지고 있는 두려움, 그리고 거리 두기는 처음 아르바이트를 구했을 때부터 지금까지 정도를 달리

할 뿐 없어지지 않는다. 꼴랑 시간당 5,000원 남짓 주고 부려먹으면서 열심히, '내 가게처럼' 일할 것을 요구하는 것도, 시시각각 내 멘탈을 파괴하는 관리자의 꼰대 짓도 큰 이유이긴 하지만, 나를 가장 소극적으로 만드는 것은 시간이었다. 언제나 알바를 구할 때마다 가장 신경 쓰는 부분이기도 하다. 하루의 일정 시간, 혹은 일주일에 며칠을 임노동을 위해 써야 하는 게, 너무 아깝다는 생각이 자꾸 드는 것이다. 알바를 구할 때마다 나는 고민한다. 오전에 하는 기자회견에 참석할 수 있는 게 이득인가, 저녁 때 하는 회의에 갈 수 있는 게 이득인가.

알바를 하는 기간은 알바가 없는 기간보다 금전적으로 풍족함에도 불구하고, 시간을 뭉텅뭉텅 잘라서 내버린다는 생각을 먼저 한다. 거기에 한 술 더 떠서 '매니저' 같은 걸로 들어가기라도 한다면 내 시간과 일정은 몽땅 내 것이 아니게 될 것이다. "시급이 너무 적어"보다, "일하는 시간이 너무 길어"가 더 무서운 말이다. 하루에 고작 5시간을 일한다고 해도, 고용된 뒤부터 매일 정해진 시간에 일어나서 일을 해야 한다는 것, 주말 이외에 쉬는 날을 만들기가 힘들다는 것, 그런 나날들이 이 일을 그만두기 전까지 계속된다는 것. 이런 점들 때문에 일을 시작하기도 전에 두려워진다.

뭔가 대단히 힘들고 큰일인 양 적어 놓았지만, 정말 많은 사람들이 하루를 온통 바쳐 일하고 있다. 그리고 그들 나름대로 꽤나 잘, 살고 있다. 내가 그 사람들의 삶을 두고 엄청 소모적이고 불행한 삶을 산다고 단정 지어 버릴 수는 없는 노릇이다. 하지만 나는 여전히 그런 형태의 삶을 두려워한다. 나는 내가 일어나고 싶은 시간에 일어나고, 밤에 일하고, 매일매일의 스케줄이 격변하는 삶을 사랑한다. '청소년인권운동활동가'도 평범한 직업이라고 생각하려 하지만, 사회에서 소위 말하는 어떤 '평범함'과 나 사이에, 나도 모르게 어떤 벽을 치고 있는 모양이다. 많은 사람들이 대학에 가지 않는 삶, 규칙적이지 않은 삶에 대해 두려워하듯, 나 역시 그저 낯선 삶의 모양을 두려워하는 건 아닐까 찝찝하다.

나는 왜 이러고 있는가

'남들 다 하는 거 나는 왜 못 할까'라는 식의 생각은 가시지를 않는다. 만약 내가 활동을 하지 않았다면, 하루 8시간씩 조금 열악한 환경의 정규직이라도 못 할 일은 아니었을 것이다. 청소년인권운동을 만나고, 대학거부를 거쳐 '투잡 뛰는 사람'이 되어서도 나는 다른 사람들에게 나를 여전히 '청소년인권운동활동가'라고 설명하고 있다. 매번 월말도 되기 전에 잔고가 200원 안팎인 것을 확인하고, 그 짓을 매달 반복하면서도 알바는 나에게 언제까지나 '부업'이다. 달그락거리는 통장 잔액을 보며 언제까지 버틸 수 있을까 속은 타지만, 알바 없이 활동에 올인 할 수 있는 몇 개월간이 너무 좋아서 그냥 돈 없음에 익숙해지는 쪽을 택하고 만다.

솔직하게 말하자면, 나의 이런 점들은 활동을 내 인생을 걸고 하고 있기 때문도, 절대 양보할 수 없는 신념 같은 게 있기 때문도 아니다. 내가 청소년인권운동활동을 위주로 잠시 알바를 하며 좋게 말하면 탄력적인, 나쁘게 말하면 불안정한 삶을 사는 것은 아마도 그저 내 취향이다. 매달 잔고 부족에 시달리면서도 이런 불규칙한 환경을 선택하고 마는 것은, 내가 대학거부를 선택했던 것과 같은 맥락이었다. 대학을 향해 달리느라 내가 진짜 하고 싶은 것을 못 하게 되는 것을 원하지 않았던 것처럼, 돈을 벌기 위해 내 생활을 바치고 싶지 않았던 것이다.

일반인 코스프레(줄여서 '일코'라고들 하는데, 특이한 취향, 사상, 혹은 직업 등을 가진 사람들이 다른 사람들 사이에서 그 정체성을 드러내지 않고 일반인처럼 보이려 노력하는 것을 말한다) 같은 건 이제까지 수도 없이 해 왔다. 대학거부 직후에는 재수나 반수를 한다고 했고, 이제 대학 관련한 거짓말을 하기에 좀 무리다 싶은 나이라서 그냥 이것저것 자격증이나 따고 다니는 취업 준비생 정도로 위장하고 있다. '알바'로 붙어 있기 위해서 그런 구질구질한 짓을 하면서도 정규직은 안 한다. 그건 아마도, 내 삶의 양식이 그렇게 굳어져 왔기 때문인 것 같다. 그게 활동이 되었든 뭐가 되었든, 내가 하고 싶은 일이 1순위가 되는 삶. 임노동을 포함한 그 이외의 부분들을 언제든지 비교적 자유롭게 편집해 낼 수 있는 일상이 필요하다.

나도 규칙적인 삶을 동경했던 적이 있다. 하루 8~10시간 일하고, 취미나 여가를 통해서 만족을 얻는 삶. 많은 돈을 마구 벌지 못하더라도 지금보다는 풍족할 것이고, 청소년인권운동을 병행하지 않는다면 분명 여가를 위한 시간도 꽤 날 것이다. 하지만 이것이 그저 동경이고, 그 동경은 언제나 현실과 거리가 있다는 것 또한 알고 있다.

내가 이것과 가장 비슷한 생활을 하던 때가 학교에 다닐 때였고, 나는 그 규칙적인 생활에 전혀 행복하지 못했다. 그때는 돈이 부족한 일도 많이 없었고, 조금만 무리하면 여가 시간을 내는 것도 가능했지만, 내가 적응할 수 있는 삶의 방식이 아니었다. 매일 '아침'에 눈을 떠야만 하는 게 너무 싫었고, 학교에 앉아 있는 시간은 너무 지루했다. 학교가 인권 침해의 온상인 것과 별개로, 그냥 매일 거기서 수업이 끝날 때까지 시간을 때워야 한다는 게 너무 싫었다. 어느 쪽이 더 좋은 삶의 방식인지는 모르겠지만 규칙적인 삶은 나에게 맞지 않았다.

하지만, 대학거부는 나에게 대학 가지 않을 자유, 삶의 자유를 좀 더 준 대신에 알바 생활자라는 정체성 또한 부여했다. 대학거부를 고민하기 전, 청소년인권운동을 시작하기 전에, 나는 알바를 포함한 어떤 임노동의 계획도 없는 사람이었다. 우습게도 나는 대학교 - 대학원 루트를 밟으며 30세 이전에는 학교라는 틀을 벗어나지 않겠다는 생각을 했던 것이다. 그런 나에게 청소년 인권운동은 한국의 교육, 경쟁, 학문에 대한 의문을 가지게 했고, 거기에서 뛰쳐나오게 했으며, 가정으로부터의 독립을 실행하는 계기가 되었고, 그 독립은 임노동의 시작을 의미했다. 참 아이러니한 일이다. 덕분에 이후의 삶에 대해 처음으로 진지하게 고민하게 되었고, 알바라는 자의 반 타의 반의 선택을 하게 되었으며, 지금까지 '난 왜 이렇게 살지?'라는 고민을 하게 되었다.

내 일'처럼' 일하기

내 고민을 주절거리다 보니, 내가 만난 어떤 이의 이야기를 해야 할 것 같다. 이 사람은 나와는 조금 동떨어진 가치관과 삶의 궤적을 그리는 사람 중에서도, 최근 들어 나에게 가장 깊은 인상을 줬던 사람이다. 이번에 구한 선물의 집 알바를 하면서 만난 이인데, 내게 '알바 시간'뿐만 아니라 다른 측면의 고민을 여는 계기가 되었다.

그는 내가 일주일에 하루만 일하는 이곳, 선물의 집 매장을 주 6일, 하루 10시간 반 동안 지킨다. 이 생활을 한 지 두 달 가까이 된다고 했다. 지금까지 알바하며 만난 관리자들 중에 제일

'관리자 느낌'이 덜 나는 관리자였는데, 나한테 굉장히 솔직하게 "10시간 일하면 멍 때리고 있을 때가 더 많은 게 사실"이라고 말해서 호감도가 급상승했다. 매장의 유일한 매니저이고 발주부터 알바의 급여 관리까지 거의 모든 일을 책임지고 있었지만, "여기서 파는 물건들 사실 잘 모르고, 적당히 내 맘대로 하고 있다"고 스스럼없이 이야기했다.

그런 것 치고 굉장히 능동적으로 일하고 있었는데, 물건 배치나 데코레이션 같은 부분에서 나로서는 상상도 못 할 꼼꼼함을 보여 줬다. 딱 집어 어떤 부분이라고 말하긴 어렵지만 그녀한테 어떤 종류의 존경심을 가지게 됐다. 내 일이라고 느껴지지 않는 알바에 대해서는 아무래도 설렁설렁 하게 되는 나와 달리, "설렁설렁 한다"고 말하면서도, 별로 자기 취향이 아니라면서도, 하루 종일 오롯이 매장을 지키는 건, 능력이라면 능력이다. 뭔가를 끝내주게 잘하거나 번뜩이는 아이디어가 있는 게 아니더라도, 혹은 한 가지 일에 열정을 다 바쳐 몰두하는 것이 아니더라도 내 일'처럼' 챙겨 내는 것. 그녀에게도 이 매장을 관리하는 것은 본사의 일을 대신 해 주는 것이고, 자신의 자아실현과는 하등 관련이 없었지만, 그래도 그녀는 그 일에 자신을 밀착시킬 줄 알았다. 나한테는 없는 종류의, 정확히 말하면 훈련되지 않은 능력인 것이다.

요즘 하루하루가 너무 무료하다는 그녀는 외국에 살던 1년 반

동안 매일매일 다이어리에 일기를 썼다고 했다. 그때는 너무나 자유로웠고, 매 순간이 새롭고 알찼다고. 지금의 그녀는 주 6일, 하루 10시간 이상 매장에 묶여 있다. 하지만 "이 일에 큰 흥미는 없노라"고 누군가에게 말할 수 있을 만큼은 자유롭다. 이런 점이 은근히 멋졌다. 이 사람은 "나는 자유로운 영혼!"이라고 외치며 매일의 변화를 창조해 내는 사람도 아니지만, 직장에서 수동적으로 장시간 노동에 일방적인 착취를 당하는 그 누군가도 아니다. 정말 자기 스타일을 지켜 가며 남의 일을 할 줄 아는 사람이라는 느낌.

만약 내가 정말 돈 모으는 게 절실해져서 청소년인권운동을 그만두게 된다고 해도, 만약 이 사람처럼 될 수 있다면 내가 무서워하는 것만큼 괴롭지는 않을 것이다. 자유로운 영혼임을 갈구하지 않더라도, 자신이 하는 일에서 자아실현이나 삶의 보람을 구하지 않아도 이 사람처럼 은근한 멋짐을 가지고 살 수도 있는 것이다. '일은 일'이라고 확실히 선을 그은 다음, 몸과 마음을 온전히 바치지 않고 적당히는 챙겨 내는 삶. 얼마나 멋진가. 덕분에 이유 모를 두려움을 조금 내려놓을 수도 있을 것만 같다.

어라, 그래도 나는 나

피할 수 없으면 즐기라는 말이 있다. 즐길 수 있으면 참 좋겠지만, 나는 이 격언과는 평생 무관하게 살 것만 같다. 돌이켜 보면 청소년인권운동도, 대학거부도 어떤 생각 이전의 문제였다. 편해지려는 끊임없는 욕구를 충실히 따른 결과물이기 때문이다.

내가 별로 좋아하지 않는 환경에 처하게 될 때마다, 그러니까 알바를 구하고 일하고 잘리거나 그만두는 순간들마다 '내가 왜 계속 청소년인권운동을 할까?' 하는 질문을 하게 된다. 알바는 3개월도 못 채우면서 어떻게 활동은 몇 년씩이나 붙들고 있을 수 있는지 나 자신도 궁금해진다. 물론 몇십 년 동안 한 우물을 파는 사람들에게는 참 우스운 단계의 이야기일 수도 있겠지만 말이다.

내 삶의 모습이 대다수의 사람들과 다르기에 안정의 방법도 다를 것이다. 겉으로 보이는 모양새도 그렇고, 찾아가는 과정도 역시. 하지만 아마 '다수'에 속해 있는 많은 이들도 그 안을 들여다보면 서로 너무나 다른 고민과 여정 속에 있을 텐데, 그런 하나하나의 이야기들은 좀처럼 모습을 드러내지 않는다. 나도 어쩔 수 없이 그런 속에서 20년 조금 넘게 살아왔고, 그래서 활동과 임노동의 차이를 더듬어 가며 횡설수설 내 고민을 풀기 시작했는지도 모르겠다.

사회에서 말하는 안정성의 길에서 멀어지려 하는 나도, 그 안으로 편입되고자 하는 누군가도, 모두가 불안하고 고민하는 이유는, 사회에서 다양한 삶을 인정하지 않기 때문인 것 같다. 어떤 방향의 삶을 선택해도 충분히 안전하다면, 어느 순간 벼랑 끝에 설 수도 있다는 불안감 없이 살 수 있다면, 이런 고민은 좀 덜 해도 될 텐데.

뾰족하게 '이 길이 내 길이다'라고 말할 깜냥도 아직 없으니, 이렇게 어정쩡한 상태로, 꾸준히 살아 보는 게 내가 할 수 있는 최선인 것 같다.

3부

살아남기 위해서

이 미친 세상
어디에 있더라도

불안을 강요하는 사회에 필요한 우리의 생존법

정열음

받아들여지지 않은 자

　최근 내가 일하고 있는 인문학 단체를 비롯해 여러 교육 관련 단체들이 영화를 보고 이야기하는 인문학 강좌를 공동으로 기획했다. 사전에 강좌 진행자들이 모여 영화를 골랐는데, 내가 추천했던 영화는 〈억셉티드Accepted〉였다. '받아들여지다', '인정되다', '합격하다' 등의 뜻을 가지고 있는 이 단어는 영화의 중심 주제이기도 하다.

　나중에 뭘 하든 일단 대학에 가라는 단호한 부모에게 이 영화의 주인공은 모든 대학에 떨어졌다는 사실을 차마 말할 수가 없었다. 대신 가짜 대학을 만들어 합격한 것처럼 부모에게 거짓말을 하기로 결심한다. 우선 대학 건물을 마련하기 위해 폐업한 정신병원을 임대해 수리한다. 홈페이지를 만들고, 동네에 있는 명문 대학교의 부설학교인 것처럼 로고와 이름까지 만들었다(재밌는 건 이름을 짓고 보니 South Harmon Institute of Technology, 줄여서 'SHIT'이 되어 버린다는 것이다). 누가 봐도 진짜 대학 같았고, 그래서 꼼꼼한 부모도 감쪽같이 속았다. 하지만 너무 잘 만든 나머지 등록금을 들고 오는 사람들이 생겼다! 마침내 이들은 찾아온 그 사람들과 함께 대학을 운영하게 된다.

그들의 대학은 모두가 가르치고 싶은 것을 가르치고, 배우고 싶은 것을 배운다. 그렇게 어느 대학에서도 받아들여지지 않은, 동시에 세상에서 받아들여지지 않은 이들이 서로를 받아들이는 대학을 만든다. 스펙을 위한 교육이 아니라 우리를 위한 교육을 직접 만든다는 영화의 줄거리는 현실성이 떨어지는 판타지에 가깝지만, 보는 사람들에게 희망과 쾌감을 준다.

대학에 대해 비판적인 이야깃거리를 던져 주기도 하지만 딱딱하지 않고, 영화에서 풍자하는 지점들은 한국에 살고 있는 청소년이 충분히 공감할 수 있는 이야기이기도 하다. 중간중간 깨알 같은 코믹 요소까지 있어 고른 영화였는데 다행히 참가자들에게 좋은 평을 받았다.

인문학 강좌에서 청소년 참가자들과 함께 영화를 본 후, 2차시 활동으로 대학에 대한 이야기를 나눠 보기로 했다. 그 시간의 진행을 내가 맡게 됐다. 유려하고 완벽하게 강의를 할 자신은 없었지만 대학거부 등의 경험과 고민을 솔직히 나눌 수는 있을 것 같았다. 다만 입시를 준비하거나 고등학교를 다녀 보지 않은 내가 대다수 청소년들에게 공감되는 이야기를 할 수 있을까 하는 걱정은 들었다. 이미 입시를 준비하고 있고, 그렇게 살아가는 청소년들에게 대학에 대해 비판적인 내 이야기가 오히려 스트레스가 되지는 않을까 자꾸 조심스러웠다.

앞 시간에 '나에게 대학이란 ○○이다'에 들어갈 말을 돌아가며 이야기할 때, 나는 종교라고 대답했다. 그 합리성이나 현실적인 문제를 따져 보지 않은 채, 대학에 가면 뭐든지 해결될 것처럼 대학을 구원으로 여기는 사람들의 모습은 종교를 떠올리게 했다. 그런 내가 대학의 아름다움에 대해서 새삼 이야기를 할 이유는 없지 않나. 그렇게 생각하지도 않을뿐더러 그 장점만을 말하는 사람은 이미 너무나 많은데. 그보다 나는 '우리는 왜 대학에 가고 싶어 할까', '대학은 정말 교육을 위한 공간일까', '대학에 가는 것은 정말 우리의 선택일까', '모두를 대학에 가게 만드는 것은 무엇일까'와 같은 질문들을 포함한 이야기를 하고 싶었다. 다만 이것이 개인에 대한 비판이나 공격으로 받아들여지지 않도록 조심스럽게 내용을 짜 나갔다.

2차시 강의에 함께 들어가는 다른 진행자들에게 내가 준비한 이야기 내용을 미리 나눠 주고 진행에 대해 간단히 설명했다. 다들 별 의견이 없기에 더 긴 이야기 없이 강의를 시작했다. 그런데 진행을 하는 도중 갑자기 나이가 많은 다른 강사들이 내가 설명한 내용과 정반대의 이야기를 시작했다. 대략 이런 이야기들이었다. "나에게 대학은 깊은 공부를 할 수 있는 좋은 곳이었다." "진지한 이야기를 나눌 친구들을 만날 수 있어서 (대학이) 좋았다." "청소년들은 꿈을 꿀 수 없는 게 아니라 이미 마음속에 꿈을 가지고 있다." 아, 내가 설명을 그렇게 못했던 걸까. 아니면 내 이야기가 마음에 안 들었나. 결국 강의 도중 나와 그들 사이에 논쟁이 벌어졌고, 그 시간은 그렇게 유야무야 끝나 버렸다. 강의를 들으러 왔던 사람들에게 미안하고 부끄러웠다.

집에 돌아와 서러움에 한참을 울었다. 사람들이 너무 치사하다는 원망이 들었다. 그곳에서 나와 같은 단체의 40대 남성이 강의를 했을 때에는 아무도 저런 식으로 행동하지 않았다. 내가 대학에 못 간 피해의식으로 대학에 대한 악감정을 가지고 있다고 생각하는 걸까. 피해의식이 없다면 거짓말이겠지만, 대학에 대한 나의 고민과 입장이 열등감으로만 해석될까 봐 두려웠다. 대학을 나오지 않았으니 잘 모를 것이라 단정하고 내 의견을 손쉽게 배척하는 거라면 억울했다. 내가 대학에 다녔더라면 그런 걱정은 하지 않을 수 있었을까. 대학을 가지 않겠다던 10대의 나에게 주변 어른들이 하던, "너의 말이 맞든 틀리든 대학을 나와서 높은 사람이 되어야 사람들은 그 말을 들어 주기라도 한다"라는 마치 저주 같았던, 그래서 믿을 수 없던 이야기가 새삼 떠올랐다. 정말 이 세상은 대학에 받아들여지지 않은 사람은 말조차 할 수 없게 만들어 버리는 걸까.

인문학 강의를 하는 중졸

'높은 사람이 되지 않으면 사람들은 네 말을 들어 주지 않을 거'라는 저주를 받았지만, 대학을 가지 않은 스물한 살의 나는 누군가에게 말을 거는 일을 하는 사람이 되어 버렸다. 제도 교육에 반대하는 인문학단체 '교육공동체 나다(나다)'가 나의 일터다. 인문학 강의를 진행하는 것을 주 활동으로 삼고 있다. 솔직히 어디에서 뭐하냐는 질문에 인문학 강의를 한다고 말하는 건 왠지 부끄럽다. '인문학'이라는 말과 '강사'라는 말이 합쳐져 사람들이 나를 똑똑하다고 착각할까 봐 혹은 있어 보인다고 생각할까 봐 좀 무섭다. 사실 우리가 말하는 인문학은 학문으로서의 접근이라기보다는 세상을 바라보는 입장, 삶이나 관계에 대한 태도에 더 가깝다.

지금 내가 맡고 있는 '책 읽어 주는 언니(책언니)'는 여덟 살들과 그림책을 매개로 진행하는 인문학 강좌다. 본격적으로 시작한 건 작년이지만, 기획은 꽤나 오래전부터 이루어졌다. 청소년 시기부터 나다와 알았던 나는 나다에서 일하고 싶다는 이야기를 자주 했다. 그러자 나다에서는 청소년인 내가 할 수 있는 일을 오랫동안 고민한 뒤 나에게 제안했다. 너의 그 비이성적인 천둥벌거숭이 기질을 활용해 여덟 살과 그림책으로 하는 강좌를 만들자고. 교사와 학생의 위계로 이루어진 권위적인 교육에 반대하는 나다에서는 강사와 강의를 듣는 사람들 사이의 나이 차이가 커질수록 생기는 거리감에 대해 고민을 해 왔었다. 그러다 보니 이곳에서는 내가 중졸이라는 걸 자랑스러워했고(심지어 초졸 인문학 강사가 아니라며 중졸 검정고시를 본 것을 안타까워했다), 어린 나이조차 장점으로 생각해 줬다.

내부 사정으로 미뤄졌던 이 기획은 작년에 나와 내 동료가 중심이 되어 본격적으로 추진됐다. 처음 제안서를 만들 때 중졸과 고졸이라는 우리의 학력과 나이를 공개했다. 책언니 강좌에 참여하고 싶어 하는 이들에게 설명이 필요할 때는 나다 활동가의 절반이 함께 만났다. 20대 초반의 사람들이 책언니를 진행하는 이유와, 대학을 가지 않고 활동을 해 나가려고 하는 사람들에 대한 지원이라는 의미도 설명했고, 여덟 살 인문학이라는 이 실험에 함께해 달라고 제안했다. 대체로 공감해 주는 곳이 더 많았지만, 우리 학력에 얼굴을 굳히는 사람들도 간혹 보게 됐다.

방학마다 열리는 특강에서 20대 활동가인 나와 내 동료는 초등부 수업을 맡아 하고 있다. 이번 특강 중에 열린 학부모 간담회에서 초등부를 진행했던 우리가 중졸과 고졸의 학력을 가진 20대 초반이라는 이야기를 꺼냈다. 대체로 그게 뭐 문제냐는 반응이긴 했지만 한두 분 정도의 표정이 순간 변했다. 그중에는 특강 마지막 날, 집에 안 가겠다며 우리와 3시간을 더 놀다 간 친구의 엄마도 있었다. 그분은 아마 그동안 우리의 '정체'를 몰랐을 거다. 그리고 그 순간 실망했겠지. 그 친구는 가수 수지보다 내가 좋다고 했고(나보다는 학교 선생님이 더 좋다고 해서 다 소용없어졌지만), 일상 강좌가 있다면 꼭 오겠다고 말했었다. 엄마의 표정 변화를 본 순간 속으로 생각했다. '아, 이제 너와 못 만나겠구나······.'

이런 일들이 자주 있지는 않지만, 더 많은 강의를 한다면 더 많이 일어나게 될 일이긴 하다. 세상의 시선에서 보면 철없어 보이는 20대 초반 여자가 인문학 강사라는 건 실망할 만한 일일 테니까. 사실, 그동안 나는 참 뭣도 모르고 당당했다. 중졸인 게 부끄럽지도 않았고, 대학을 나와야만 인문학 강의를 할 수 있다고 생각하지도 않았다. 정말이지 그게 왜 문제인 건지 이해하지 못했다. 대학을 가지 않아서 불안했던 것은 내가 앞으로 돈을 못 벌까 봐, 살아남지 못할까 봐서였지, 사람들이 나를 무시할까 봐는 아니었다. 내가 나쁜 짓을 한 것도 아닌데, 대학을 가지 않았다는 게 나를 불신하는 이유가 된다는 건 너무 당혹스러운 일이었다. 내가 세상의 시선에 너무 무뎠던 걸까.

사실 납득할 수 없을 뿐이지 세상이 나 같은 사람을 보며 무슨 생각을 하는지는 대충 안다. 나부터도 '인문학 강사'라고 하면 떠올리는 이미지가, 왠지 되게 똑똑할 것 같고 공부도 많이 한, 어느 정도 나이가 있는, 나랑 겹치는 것이 하나도 없는 학구파의 모습이니까. 거기에 대학 졸업장의 유무도 굉장히 중요하겠지. 그런 상상을 하는 사람들이 나를 바라볼 때의 그 생경한 시선이 신경 쓰이지 않는 것도 아니고, 그 시선에 상처받지 않는 것도 아니다. 무시당하기 싫어 괜히 똑똑한 척을 하기도 했다. '너네 이런 거 알아? 나는 대학 안 나와도 이런 거 알아' 이렇게. 약하고 못난 사람들 이야기를 들어야 한다고 생각하고 활동하고 있는 내가 똑똑한 척이나 하면서 지식이나 정보의 힘으로 상대방을 누르는 건 대체 무슨 짓인 걸까. 나다에서 인문학으로 청소년들을 만나 온 건, 약자들이 목소리를 내고 청소년들이 힘 센 사람들의 논리에 속지 않고 맞서 싸울 수 있도록 하기 위해서였다. 그런데 잘난 사람끼리 해 먹는 건 때려치우라고 말하고 싶었던 내가 잘난 척을 하고 있으니, 아무 소용이 없어져 버렸다.

대학에 간다고 불안이 사라질까?

최근에 10년 전쯤 나다 강좌에 참가했던 사람이 찾아왔다. 함께 일하는 '변'의 강좌를 듣던 사람이었는데 어쩌다 보니 술자리에 나도 함께하게 되었다. 나보다 서너 살쯤 많은 것 같았는데 참 가진 게 많아 보였다. 예쁘고, 똑똑하고, 스펙도 좋고, 세련된 그런 것들이 내 눈에는 멋져 보였다. 한참 술을 마시다가 그는 자연스럽게 자신의 고민에 대해 이야기하기 시작했다. 그의 이야기를 들으며 살짝 의아했다. 저렇게 잘난 사람이 왜 그러는 걸까. 솔직히 나보다 더 가진 게 많은 사람이라고 생각되니 공감하고 싶지 않았다. 그 사람뿐만 아니라 많은 대학생들에게 비슷한 감정을 느낀다. 힘들어하는 청소년의 이야기를 듣는 것은 당연하게 여기지만, 대학생이 사회적 기준에 맞춰 살아가는 게 힘들다고 말하면 까칠하고 못된 태도를 취한다. 너넨 앞으로 더 잘살 거잖아. 결국 사회적으로 인정받는 길을 택할 거잖아. 그렇지 못한 내가 왜 너희의 배부른 하소연까지 들어 줘야 해? (아, 나는 참 찌질한 것 같다.)

그날 술자리가 끝나고 내가 이런 소리를 하며 투덜거렸더니 변이 약간 서글프게 웃었다. "나는 쟤들이 더 안타까워. 네가 훨씬 행복해 보여."

사회적 지위나 세상의 인정이 행복의 조건이라면 나는 그런 조건을 가지지 못했다. 하지만 실제로 행복을 느끼며 살아가는 것 같다. 가끔은 더 바랄 게 없다고 생각할 정도로 그렇다. 그럼 내 행복의 조건은 뭘까. 그건 아마 안정감이 아니었을까.

세상은 언제나 우리를 불안하게 만들고 싶어 한다. 대학에 가지 못한 건 패배한 것이고 더 높은 위치에 있지 않으면 안 되는 거라고, 남들보다 더 많은 돈을 벌고 더 많은 돈을 쓰지 않으면 안 된다고, 그 불안감을 해소할 수 있는 길은 좋은 대학에 가고 좋은 직장을 잡아서 번듯한 사회인이 되는 거라고 이야기한다. 대학이라는 곳도 살아남지 못하면 어쩌나 하는 불안감을 이용해서 안정감과 소속감을 독점하려고 하는 것 같다. 취업을 보장받는다는 안정감, 더 나은 스펙을 가진다는 안도감, 혼자 동떨어져 있지 않다는 소속감을 인질로 사람들을 협박하고 있는 건 아닐까.

보통 대학 가는 것을 '선택'한다고 이야기하지만, 대학이 선택인지도 잘 모르겠다. 많은 사람들에게 대학을 가지 않은 삶은 상상 자체가 불가능하고, 그렇게 살아갈 방법조차 잘 보이지 않는다. 아무런 정보도 주어지지 않고 구체적인 조건이나 가능성을 알지 못하는 상태에서 우리는 그저 눈앞에 보이는 것들 가운데 하나를 고를 뿐이다. 그런 걸 정말 선택이라고 부를 수 있는 걸까.

사실 대학에 간다고 불안이 사라지는 것도 아니다. 대학이 주는 대학생이라는 타이틀과 스펙, 사람들을 만날 수 있는 공간과 4년이라는 (또는 그보다 긴) 시간, 소속감은 분명히 존재한다. 하지만 우리 사회에서 대학은 차별을 만드는 역할도 한다. 대학 안쪽과 대학 바깥의 차별을 만들고, 대학 사이의 차별을 만든다. 그리고 보통은 그 모든 차별에서 승리한 사람만이 성공한 소수에 들 수 있다. 그 안에 들 거라는 확신을 모두가 가질 수는 없다. 희망일 뿐이지 확신은 아니다. 성공할 수 있는 것은 모두가 아니니까.

나에게 필요했던 작은 안정감

지금이야 대학을 가지 않고도 불안하지 않다고 말하지만, 나는 그 불안에 누구보다 열심히 놀아나던 사람이었다. 일반 초등학교를 졸업한 후 대안 중학교에서 1년을 보냈고, 엄마의 권유로 대안학교마저 그만뒀을 때부터 그랬다. 청소년기의 나는 맥락 없이 말하기로 유명하고 알록달록한 꽃무늬 옷을 입고 헬렐레 뛰어다니는, 모든 일에 감정적으로 접근하기 좋아하는 비논리적인 사람이었다. 세상이 이상하다 생각하긴 했지만, 그 생각을 말로 설명해 내지도 못했다. 눈치도 없어 사람들이 좋아하지도 않았다.

학교를 그만두고 난 후, 집에 있으면 자유를 만끽할 수는 있었지만 매일매일이 초조했다. 남들은 주어진 걸 하면 되지만, 나는 내가 뭔가를 만들어야 했다. 뭐라도 해야 한다고 말하는 세상에서 나 홀로 아무것도 하지 않고 있는 것만 같았다. 물론 아무것도 안 하지는 않았다. 게임도 했고, 노래도 들었고, 놀러도 다녔고, 뒹굴거리기도 했다. 하지만 이런 건 보통 아무것도 안

한다고 표현하는 종류의 것들일 뿐 '공부'와 관련된 것들이 아니었다. 사람 사이도 그랬다. 내가 하나라도 실수하면 바로 미움받고, 버림받을 것만 같았다. 그러다 보니 매일 상처받고, 위축되고, 사랑을 갈구하고, 무엇보다 다른 사람을 신경 쓸 수 없는 사람이 되어 버렸다.

지금도 맥락 없고 꽃무늬 옷을 좋아하는 건 그대로지만, 비논리적이고 말로 설명하는 걸 어려워하고 눈치 없는 것도 별다르지 않지만, 그때와는 많은 게 달라졌다. 세상의 기준에 맞지 않는 나를 억지로라도 끼워 맞춰야 한다는 강박이 많이 사라졌고, 사람들과의 관계 맺기에 큰 문제가 되던 불안감과 위축감도 많이 사라졌다. 조금은 여유가 생겼다. 앞서 말했듯이 이렇게 변할 수 있었던 조건은 커다란 게 아니었다. 작은 안정감이 생겼을 뿐이었다.

나다에서 만난 이 사람들은 나의 못난 부분까지 사랑해 줬고, 언제든 내 곁에 있어 줬다. 내가 나다에서 일하고 싶다고 했을 때 내가 함께 일할 수 있는 방법을 고민해 줬고, 공부하고 싶다고 하면 함께 공부해 줬다. 내가 서울에서 지낼 곳이 없을 때 사무실 한편에 내 방을 만들어 줬고, 내가 하는 일들을 지지해 줬다. 그 모든 일들은 내가 있는 그대로 살아갈 수 있도록 함께 조건을 만들어 주는 과정이었다. 가끔 나다에서는 이야기한다. 나에게 이런 것들을 해 줬던 것은 내가 잘나고 멋진 사람이어서가 아니라 너무 못났기 때문이라고. 웃자고 하는 소리이기도 하지만, 실제로 운이 좋아서 내가 거기에 있었던 것일 뿐이지 그 누구였더라도 나다에서는 그렇게 했을 것이다.

어쨌건 그 시간들은 내 삶의 중요한 가르침이 됐다. 그들은 말이 아니라 행동으로, 자신들의 태도로 보여 줬다. 혼자 살아남아야 한다고 이야기하는 세상에서 그렇지 않다고, 함께 살아가자고 말이다. 내 한 몸 챙기기 힘든 세상에서 악착같이 살아남는 게 아니라, 서로 챙겨 주며 같이 살자는 이야기를 했다. 열네 살의 내가 만났던 나다는 어떤 단체가 아니라 관계였다. 거의 매일 만나고 이야기하고 놀고 떠들었다. 그렇게 5년쯤 지냈을 때, 나는 더 이상 불안하지 않기 위해 대학을 갈 필요가 없어졌다.

이 미친 세상 어디에 있더라도

나다에서 일을 하면 아무래도 청소년들과 만날 일이 많다. 최근 만나는 친구들 중에 입시를 준비하는 사람이 많아지다 보니 대학과 관련된 고민 상담을 하게 되는 일이 종종 있다. 그때마다 나는, 공부가 하고 싶어서 대학에 가는 거라면 차라리 공부할 수 있는 바깥의 연구 공간을 찾아가 보는 게 어떻겠느냐고 제안하기도 하고, '대학을 가야 할 것 같다'는 막연한 이야기에는 '안 그래도 살아갈 수 있지 않을까?' 하고 되묻기도 한다. 하지만 대학에 가지 말라고 쉽게 말하지는 못한다. 지금처럼 불안과 차별을 조장하는 사회에서 대학생이라는 타이틀과 스펙을 원하는 마음도 이해할 수 있으니 그 바람을 다 틀렸다고만 할 수가 없다. 하지만 자신도 대학에 가지 않고 살고 싶다고, 대학 안 가고 살면 안 되느냐고 묻는 사람에게는 이야기한다.

"만약 네가 대학을 가지 않는다면 대학 외에 공부할 수 있는 곳을 찾아다녀야 하는데 그게 쉽지 않을 수도 있고, 사람들로부터 대학에 안 갔다는 이유로 차별을 받을 수도 있어. 게다가 나처럼 산다면 한 달에 100만 원 이상을 벌기가 쉽지 않아. 그런 게 괜찮다면, 안 가도 됨!"

이 마음이 어떻게 바뀔지 모르겠지만, 그렇기 때문에 대학 바깥에서 살아갈 수 있는 조건이 참 중요한 것 같다. 꼭 대학에 안 가도 복닥복닥 너무 외롭지 않게 살아갈 수 있는, 누군가가 선택할 수 있는 선택지가 있는 것이.

혹여 대학을 가지 않고 살아갈 수 있었던 나의 이야기가 특수한 경우로 치부되지는 않을까 걱정도 된다. 대학을 가지 않고 살아가는 것이 누구나 할 수 있는 것이 아닌 특별한 일로 여겨질까 봐. 나는 내가 특별한 사람이라서 이렇게 살 수 있다고 생각하지 않는다. 운이 좋았던 건 부정할 수 없다. 이렇게 살아갈 수 있게 도와준 사람들이 너무나 많았던 것이 사실이다. 하지만 이게 나에게만 일어난 우연한 기적이라고 생각하지 않는다. 이걸 기적으로 남겨 둔다면, 대학을 가지 않고 살아갈 수 있는 삶에 대해서 우리는 더 이상 이야기할 수가 없다.

어렸을 때 내 꿈은 동화작가였다. 내가 동화작가가 되고 싶었던 건 책을 읽으면서 느꼈던 재미를 다른 누군가에게도 느끼게 해 주고 싶어서였다. 마찬가지로 내가 겪은 좋은 경험들을 남들도 겪을 수 있게 하고 싶다. 내가 안정감을 통해서 변할 수 있었고 삶이 조금 행복해진 것처럼 다른 누군가에게도 그 안정감을 느끼게 해 주고 싶다. 지금까지 나다 사람들이 대학을 가지 않고 살아갈 수 있는 환경을 나에게 만들어 줬던 것처럼, 나도 누군가에게 그런 환경을 만들어 주고 싶다. 나라고 못 할 게 뭐 있을까. 지금까지 내가 받아 온 것들을 이제부터는 내가 해 주면 된다.

누군가를 평가하고 판단하는 사람이 아니라 그와 함께 살아가는 사람이 되어 먹고살 수 있는 조건을 함께 만들어 간다면, 아무리 가난해도 어떻게든 굶어 죽지 않도록 '함께' 살아간다면 덜 불안할 수 있을 거다. 그리고 함께 살아간다는 건 대학을 가기 위해 12년간 홀로 노력하는 것보다 쉽고 간단한 일이지 않을까. 서로에게 기대어 함께 사는 것, 그것이 바로 이 미친 세상에서 살아남기 위한 나의 생존법이다.

'성공'하지 않아도 괜찮아

내 삶의 대안 찾기

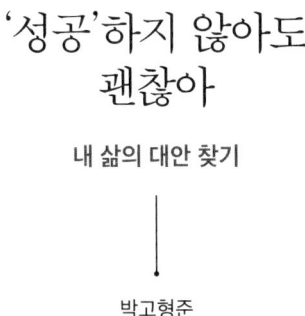

박고형준

든든함과 불안함 사이

학벌없는사회를위한광주시민모임이라는 시민단체에서 일하게 된 지 4년이 훌쩍 넘었다. 흥사단, 아수나로 등 다른 단체에서도 4년 정도 일을 했으니 시민단체 중견 활동가로 불릴 만도 한 이력이다. 예전엔 가끔씩 누군가 그런 말을 농담처럼 던지면 부정했는데 이젠 부정하고 싶지 않다. 12년의 학창시절도 그토록 어렵게 보냈는데, 직장생활을 8년 이상 거뜬히 해냈으니 스스로 대견하다는 생각이 들어서다. 그렇다고 시민단체 일이 그렇게 대단한 명예직이라 생각하진 않는다. 많은 사람들이 생각하는 것처럼 시민단체가 경제적, 사회적으로 좋은 대우를 받는 것도 아니니 말이다.

요즘 시민단체 활동가는 중도 퇴사하는 경우가 많다. 급여는 최저임금이거나 그 수준에도 못 미치는데 번번이 야근을 해야 할 만큼 일이 과중하고, 내외적으로 어려운 여건 속에서 사회를 좋은 방향으로 변화시키는 것이 쉽지 않기 때문이다. 그래서 시민단체에서 일하는 사람들이 줄어든 것이 사실이다. 그럼에도 이런 상황에서 홀로 성장하고 든든한 모습으로 일하는 사람들이 있어 다행이라는 생각을 불끈 해 본다.

나도 남들이 보기엔 든든한 활동가 중 한 명이다. 하지만 겉과 다르게 내적, 심적으로 불안한 것이 사실이다. 최근 결혼을 하여 한 살림을 공동으로 책임져야 하는 중책을 맡기도 하였고, 결혼과 함께 아내가 임신을 하여 출산을 앞두고 있기 때문에 앞날에 대한 걱정을 안 할 수가 없다. 지금보다 돈을 많이 벌어야겠다는 경제적인 부담이 생긴 것도 사실이고 육아와 일을 함께 해야 되는 이중고 때문에 미래에 대한 걱정이 크다. 명색이 시민운동가가 이런 말을 하기는 창피하지만 결국 대학을 못 나와 생기는 괴로움과, 앞만 보며 돈만 벌어야겠다는 작심이 온통 내 머릿속을 맴돈다. 정말 이렇게 힘들게 살아야만 할까?

그동안 나름 시민운동을 하면서 사회 안전망을 마련하기 위해 노력하고, 관계 기관에게 대안을 촉구하는 일들을 해 왔다. 그런데 지금 정작 내 삶의 대안은 마련하지 못했다는 것에 자괴감이 쌓여 가고 있다. 부모님은 네가 대학만 나왔어도 지금 이렇게 고생하지 않을 거라고 훈계하지만, 그래도 대학을 나오지 않은 것이 탁월한 선택이었다는 건 자부할 수 있다. 지금처럼 일관되게 시민단체 일을 하며 살아온 것은 '대학을 나오지 않아도 잘 살 수 있다'는 것을 증명하기 위함이었으니까.

대학을 가지 않고, 고졸 졸업장으로 지금까지 살아오는 데 숱한 과정들이 있었다. '대학에 가고 싶지 않냐'는 타인의 질문도 수없이 받았다. 지금은 무시하듯 한 귀로 듣고 한 귀로 흘려버리지만, 질문이 누적될수록 사람들과 갈등이 많아졌고 나 자신에게 고의적으로 싸움을 걸어야 했다. 그런 현실을 버텨 내고 소위 대학거부를 '유지'할 수 있었던 힘은 무엇일까? 내 삶을 다시 되짚어 볼 필요가 있다는 생각을 해 봤다. 그래야 앞으로도 시민운동가로서의 삶을 포기하거나 대학거부를 후회하지 않고, 대안을 찾아 나갈 수 있을 테니 말이다.

우물쭈물하다 대학에 안 갔다

대다수 사람들이 시민운동에 참여하게 된 계기는 비슷할 것이다. 말발 좋은 시민운동가 선배들을 만났거나 이른바 빨간 책을 읽고 혹해서 동참하는 경우가 많다. 그도 아니면 밥이나 술에 꼬드김을 당했거나. 나 역시 고등학생이던 시절 뜻있는 사람들을 만나 시민운동에 눈을 뜨게 되었다. 당시 인권이라곤 없는 학교에 반감이 쌓여 가던 중 두발 자유를 주제로 진행된 MBC 〈100분 토론〉에서 중고등학생연합(학생연합) 회원의 당찬 주장이 내 문제의식과 학생인권 문제 사이의 연결고리가 되었고, 학생연합 활동에 참여하게 된 것이다.

하지만 학생인권, 학생자치 등을 요구하며 자기 생각을 발언하는 나에게 어른들은 아량이 없었고, 학교는 불법 서클에서 활동한다는 명목으로 징계위원회를 열어 징계 처분을 내리기로 결정했다. 다행인지 불행인지 징계위원회가 열리기 직전, 광주의 여러 시민단체들이 나의 징계 처분이 부당하다는 목소리를 내줬고, 학교는 스스로 징계를 철회했다.

징계는 가까스로 피했지만 학생연합은 소멸됐다. 내가 학교에서 탄압받는 모습을 보며 학생연합 회원들은 정신적 피해를 입었고, 자신들에게도 불똥이 튈까 봐 나를 경계하기 시작했으며 어느 순간 연락 자체가 단절되었다. 재학생들은 학교에 피해를 줬다며 나를 따돌렸다. 그렇게 내 삶이 파탄의 지경으로 이르며 고등학교 학창시절을 마감할 즈음 대학을 가야 할지 취업을 해야 할지를 고민하게 되었다. 마음이 치유되기도 전에 불안한 마음으로 미래를 고민하게 된 것이다.

처음엔 나도 어떻게 해야 할지 몰라서 통과의례적으로 대학에 진학하기로 마음먹었다. 당시 학생연합에서 활동했던 회원들 대다수가 진보적인 성향의 교수들이 많은 대학교에 유행처럼 지원하기도 해서, 나도 그 대학에 대한 관심이 절로 생겼다. 특히 그 대학의 입학 전형에는 청소년단체에서 활동한 학생을 추천하는 제도가 있어 여러 학생연합 회원이 시민단체 추천서를 받아 입학 전형에 응시해 합격하였다. 학생연합 출신들이 그 대학에 잘 적응하며 대학 생활에 만족해하는 모습을 보게 되자 순간 부러웠다. 외로웠던 고3 생활을 극복할 수 있는 출구라고 생각하니 대학을 가야겠다는 결심은 날로 커졌다. 원서 접수 기한이 다가올수록 합격에 대한 자신감과 조바심은 커져만 갔다.

그런 내 마음 한편에는 대학에 진학하는 것에 대한 불편함이 공존했다. 내가 학생연합 활동을 한 것이 대학 진학을 위한 방편처럼 느껴져 부끄러웠다. 그래서 나는 해당 대학 입학 전형 서류를 구입하고서도 기관장에게 추천서를 내밀지 못했다. 전형 마감일이 다가올수록 머릿속은 혼란스러워졌고 정말 이렇게 해서라도 대학을 가야 하는지, 같은 질문만 반복해서 던졌다. 그러던 중 난생 처음 듣는 단어가 내 인생을 바꾸는 전초가 되었다. 바로 '대학 평준화'였다. 어느 시민단체에서 대학 서열화가 이 모든 교육 문제와 학생인권 문제의 근본적인 원인이라며, 수능 날에 맞춰 대학 평준화를 요구하는 1인시위를 한다는 것이었다.

물론 전적으로 동의하긴 힘들었다. 백날 대학 평준화를 외친다 하더라도 실현되지 않을 것 같았고, 학생연합 활동이 그랬듯 1인시위 역시 개인의 희생을 요구하는 것 같았다. 그래서 나는 애써 모른 척 넘어가려 했다. 설령 동참하더라도 대학에 진학하고 해야겠다는 생각이 들었다. 하지만 어떤 이유에서인지 수능 날 마음이 바뀌었다. 학생연합 활동을 하면서 학교와 교육청으로부터 탄압을 받아도 꿋꿋이 버텼고, 부모님과 하나뿐인 여동생에게 폐를 끼치면서도 잘못된 교육과 사회를 바꾸자고 거리로 나와 외쳐 왔는데…… 단순히 나의 안정된 미래와 이익만을 위해 대학을 선택한다는 것이 양심에 거슬렸다.

수많은 대학 졸업자들을 부정하거나 대학 진학을 혐오했던 것은 아니다. 대학 입학 자체가 잘못되었다고 생각하지는 않았다. 뜻있는 친구들도 대학에 진학해 나름의 꿈을 키우고 있었고, 졸업하고 좋은 사회를 만들기 위해 부단히 노력하고 있는 사람들이 대학에 있는 것도 알고 있었다. 단지 당시 내 양심이 가리키고 있는 길이 대학을 거부하는 것이었을 뿐이다.

내가 이런 혼란에 휩싸인 것과 무관하게 수능 날은 다가왔다. 수능 당일 아침까지도 나는 어디로 가야 할지 마음을 정하지 못한 채, 어머니가 싸 준 도시락을 들고 무작정 집을 나섰다. 수능 전날에서야 대학을 가지 않기로 마음먹었지만 실제 시험을 보지 않는 것은 다른 문제였던 것이다.

2002년 수학능력시험 날 아침, 결국 나는 수능 고사장 대신 광주광역시교육청 앞으로 갔다. 그날 내가 든 피켓에는 '대학 평준화·수능 자격 고시화'라는 문구가 적혀 있었다. 우물쭈물하다가 대학을 가지 않게 된 것이다.

평범한 안정을 위한 분투

나의 20대는 아직도 생생하다. 막상 고등학교를 졸업하니 졸업장 말고는 남는 게 별로 없었다. 부모님에게도 당당하게 대학을 가지 않겠다고 선언했는데 용돈 달라며 손 벌리기도 쪽팔리고 결국 이른 나이에 일자리 전선으로 뛰어들었다. 그러나 세상은 그리 호락호락하지 않았다. 인내가 부족한 탓인지, 일에 대한 흥미를 못 느낀 탓인지, 자주 바뀌는 일자리로 인해 일 없이 보내는 시간이 일하는 시간보다 더 많았다. 부모님은 이런 내 모습이 불안했는지 잔소리가 늘어 갔고, 갈피를 못 잡는 나도 혼란스러움에서 쉽게 벗어나지 못했다. 차라리 대학을 갔으면 공부라도 하면서 허송세월을 보냈을 거란 후회가 되었지만, 때는 이미 늦어 버렸다. 결국 도피처로 군대를 선택했다. 조금이나마 마음을 정리할 수 있겠다는 판단이 들었기 때문이다.

하지만 군대에 간다고 해서 특별히 내 인생의 전환점이 생긴 것은 아니었다. 갖은 훈련과 군대 내 바쁜 일상으로 정신없이 2년의 세월을 허비했다. 단, 제대하면서 몇 가지 다짐을 한 것은 있다. 절대 시민사회운동이나 유사한 일은 하지 않기, 그리고 어떻게든 정규직 생활을 하면서 꾸준히 돈 벌기가 그것이다. 좋지 않은 집안 형편에 언제까지 내가 하고 싶은 것만 하면서 살 순 없다는 생각이 들었기 때문이다. 가장이라는 책임감에서 내린 결론이기도 하지만, 지난 세월에 대한 일종의 후회도 섞여 있었다. 더 이상 나 자신을 희생하지 않기로, 손해 보지 않기로 마음먹었다.

제대 후 무척 열심히 살았다. 내가 줄곧 비판해 왔던 광주광역시교육청에서 비정규직으로 일하며 오랜 시간 동안 돈벌이를 했다. 관료적인 사회가 때로는 불편했지만 안정적인 급여에 만족하면서 살았다. 많은 액수는 아니지만 꾸준히 가족들의 뒷바라지도 했다. 다짐했던 대로 그동안 알고 지내 온 시민운동 관계자들과도 인연을 끊었고 평범한 생활을 이어 나갔다. 고등학교 학창 시절, 학생연합에서 활동했던 친구들이 내게 연락하지 않았던 이유도 나와 같이 '평범한 안정'을 위한 것 아니었을까? 그런 생각을 하며 스스로 위안하며 살아갔다.

나처럼 가방끈 짧은 사람들을 위한 '학벌없는사회'

하지만 나는 결국 다시 시민단체로 돌아왔다. 궁색한 변명 같지만, 교육청에서 일하던 중 교사, 청소년, 학부모들이 전국을 순회하며 청소년인권을 이야기하는 모습에 감동받았기 때문이다. 세대를 떠나 기성인들도 청소년인권을 지지하며 활동하는 모습은 나를 자극했고 긴 시간 동안 시민사회운동에 무관심했던 것을 반성하게 만들었다. 각종 사회문제에 대한 문제 제기를 당사자만 해야 한다는 고정관념에서 벗어나 연대하고 표현할 줄 알아야 한다는 것을 당시 그 사람들로부터 배우게 된 것이다.

"자신이 사랑하는 일에 믿음을 갖고 계속해서 밀고 나갈 때만이, 그 일이 자신이 가야 할 길로 이끌어 주는 법(나탈리 골드버그, 《뼛속까지 내려가서 써라》 중)"이라는 말처럼 내가 사랑하지 않는데 계속 일을 할 수 없을 것이라는 생각이 문득 들었다. 사랑하지 않는 사람을 계속 만날 수 없는 것처럼, 직장도 사랑할 수 있어야 오래갈 수 있다는 결론을 내렸다. 결국 잘 다니던 시교육청을 박차고 나왔다.

퇴사 후 나이에 걸맞지 않게 청소년인권운동단체 활동을 한동안 했다. 그 활동을 하면서 나처럼 가방끈이 짧아 불합리한 일을 겪는 사람들이 많을 거라는 생각이 들었다. 그 뒤로 학벌없는사회를위한광주시민모임(학벌없는사회)이라는 단체를 만들어 활동을 시작했다. 바닥부터 시작해 재정적으로 어려운 시기를 보냈지만, 지금은 급여를 받으며 소위 직업 활동가로서 활동하고 있다.

학벌없는사회는 학벌에 따른 차별이나 문제를 찾아내 사회에

고발하는 일, 학벌 체제를 견고하게 만드는 잘못된 교육정책을 바꾸고 대안을 제시하는 일, 시민들에게 교육 문제를 알리고 홍보하는 일 등 많은 계획을 가지고 활동하고 있다. 물론 상근자가 나 한 명뿐이라 할 수 있는 일의 양이 그렇게 많지는 않지만, 그럼에도 그동안 회원들과 함께 크고 작은 성과들을 만들어 냈다. 그 대표적인 예가 특정 학교 합격 게시물 반대 운동이다. '홍길동 등 ○명, ○○대학교 합격 축하'와 같은 현수막들이 학벌에 대한 차별이라며 문제 제기에 나선 것이다. 처음에는 다른 시민단체 활동가들마저 왜 이런 자질구레한 일을 하냐며 우리의 문제 제기를 사소한 활동쯤으로 치부했다. 하지만 학벌없는사회는 해당 학교 앞 시위, 수백 건의 진정과 민원 등의 방법으로 국가인권위원회와 교육청에 5년여 간 끈질기게 문제를 제기했다. 그리고 마침내 2012년 11월 국가인권위원회로부터 특정 학교 합격 홍보 게시물은 차별 행위라는 의견 표명을 이끌어 내었다.

이뿐만 아니다. 학벌없는사회는 고위 공무원이나 전문대학원, 각종 취업 등에 특정 학교 출신자들의 독점을 찾아내는 등 사회 뿌리 깊은 곳에 숨겨져 있는 학벌 문제를 파헤치고 사회에 고발하는 일을 하면서, 동시에 입시 폐지와 대학 평준화, 국공립통합네트워크와 같은 구체적인 대안을 제시하기도 했다. 요즘에는 대학 도서관 개방과 학력을 기재하지 않는 표준 이력서 제작 등 우리 사회에 깊이 뿌리박힌 학력 차별을 해소할 수 있는 활동들을 해 나가고 있다.

이렇게 적극적으로 활동하고 있는 나도 긴 세월 공고하게 유지되어 온 학벌사회가 한순간에 바뀔 것이라고 생각하지는 않는다. 그렇기 때문에 더더욱 학벌없는사회의 목표가 소박해져야겠다는 생각을 한다. 마치 가랑비에 옷 젖듯이, 작지만 실현 가능한 사례를 꾸준히 만들어 가고 싶다.

대안을 만들어 가다

이전에 단체 활동을 했던 경험이 있어서 학벌없는사회 활동에 금세 익숙해졌지만, 줄어든 월급은 오랫동안 익숙해지지 않았다. 학벌없는사회에서 내가 받는 활동비는 최저임금 수준이다. 한데 통신비, 각종 세금, 시민단체 후원회비 등 나가야 할 돈은 끝이 없다. 그러니 생활비가 턱없이 부족하다. 그동안 저축한 돈으로 삶을 충당했지만 이제 그럴만한 처지가 아니다. 요즘같이 힘들 때가 없다.

그렇다고 돈을 많이 벌고 싶지는 않다. 다행히도 아내는 이런 나의 무소유(?) 정신을 인정해 주며 시민단체 활동을 적극 지지하고 있다. 내 아내는 좀처럼 보기 힘든 4차원적인 사람이다. 보통 결혼을 할 때 상대에 대한 관심사는 출신 학교-학력, 직장-재력이라고 하는데, 결혼 전에 내 아내는 단 한 번도 그런 부분에 대해 캐물은 적이 없다. 학력 콤플렉스가 있었던 것도 아닌데 나는 도리어 제 발 저린 도둑처럼 내 부족한 학력, 재력 등의 이력을 먼저 털어놓았다. 하지만 아내는 그런 것보다 내가 사회적 소수자에게 쏟는 관심, 소박하고 생태적인 삶을 꾸리고 싶어 하는 마음에 더 관심을 가져 주었다. 결혼식 때는 사람들로부터 받은 축의금 중 일부를 어려운 이웃과 사회 정의를 위해 사용하기도 했는데, 사실 그건 내 가치관에 대한 배려가 아니라 아내의 생각에 더 가까웠다.

그럼에도 소유의 욕망이 넘실대는 지금 시대를 살아가야 하는 우리이기에, 그만큼 우리 부부가 추구하는 무소유 정신에도 갈등은 존재한다. 적은 급여의 시민단체 일을 하면서 외부에서 요청되어 오는 무작위 강의를 뛸 수밖에 없는 처지도 안타깝다. 그만큼 소유의 욕망은 존재의 욕망만큼이나 뿌리가 깊어 무소유의 정신조차도 소유하게 만드는 것 같다. 때로는, 시민단체 일로 너무 지쳐서 차라리 다른 사람의 짐조차 들어 줄 수 없는 삶보다 적당히 돈을 벌어 건강한 몸과 마음으로 이웃을 도울 수 있는 삶이 더 가치 있지 않을까 하는 생각도 든다.

최근에 이런 내 이중적인 삶의 태도를 반성하는 계기가 있었다. 어느 시민단체 간부가 잠비아에 다녀온 이야기를 들려준 것이다. 그는 "열대지방 현지인들은 아무리 가진 것이 적어도 일정 정도 돈과 음식이 생기면 일을 중단하고 가족, 이웃들과 그것을 나눈다"며 자급자족의 현실상을 내게 이야기해 주었다. 소유함으로써 행복할 수 있지만, 소유하지 않음으로써도 행복할 수 있음을 보여 주는 이야기였다.

나 역시 내 안에 있는 모순의 고리를 끊어 내기 위해 다른 세상을 자꾸 상상해 본다. 자급·자립의 공동체, 자본 없이도 나름의 재능과 관심을 꽃피우며 살아갈 수 있는 곳, 장인정신과 인간됨으로 충분히 존경받을 수 있는 그런 곳 말이다. 구체적으로, 소박하고 자유로운 농부, 자격증이 필요 없는 목수, 친환경 식품으로 조리하는 요리사, 노래하는 시인 등 각자 제 재능을 살려가며 살아 있음을 느낄 수 있는 공동체를 꿈꾼다.

그리고 이런 공동체를 실제로 일구기 위한 노력의 일환으로 나는 2년 전부터 자급자족에 관심 있는 사람들과 함께 100평 남짓한 땅을 공동경작 형식으로 일구고 있다. 그것도 환경을 생각한다며 무농약, 무제초, 무석유로 농사를 짓고 있다. 물론 농사를 본업으로 하는 사람들 입장에선 코웃음 칠 정도로 작은 평수이고, 일주일에 한 번, 주말에 잠깐 일한다는 분명한 한계가 있다. 하지만 수확한 작물로 내 끼니의 일부분이나마 자급하며, 남은 작물은 사람들과 나눈다는 것은 생각보다 의미가 크다.

그런 농경의 실천을 삶 속에 녹여내다 보니, 어느덧 자연스럽게 사람들이 농촌공동체를 이루자는 제안을 하기 시작했다. 어떤 사람은 일찍이 광주 인근에 터를 잡아 귀촌하기도 했고, 어떤 사람은 구체적으로 어느 동네에 땅을 사서 모이자는 제안도 하고, 우리가 어떠한 삶을 살아가야 할지 가치에 대해 논의하는 사람들도 생겨났다. 물론 모두의 삶이 일치되지 않지만, 비슷한 의지를 가지고 대안을 만들어 가고 있다는 점은 스스로에게 위안이 된다.

나 자신의 행복을 위해

대안적인 삶을 꿈꾸는 사람은 많지만 실제로 실천하는 사람은 많지 않다. 경쟁을 통해 어렵게 일류 대학을 나오고, 번듯한 직장을 갖기 위해 노력한 세월이 길수록, 대안적 삶과 공동체로 전환하기가 쉽지 않을 것이다. 그러니 생각만 하다가 인생이 저물어 갈 즈음에나 뒤늦게 판단을 하게 되는 것 같다.

아직 선택의 폭이 넓은 청소년이 이런 대안적인 삶을 살아간다면 어떨까. 예컨대 학교 밖 교육공동체를 만들어 학습한다든지, 대안대학교를 설립한다든지, 사회적 기업이나 협동조합을 만들어 노동하며 생계를 유지한다든지, 삶의 가치가 비슷한 사람들끼리 공동생활이나 공동경작을 한다든지……

물론 대학입시에 문제의식을 가지고 있다고 해서, 대학을 거부한다고 해서 꼭 대안적인 삶을 살아야 하는 것도 아니고, 고집할 필요도 없다. 어차피 우리 삶 자체가 불안하고 그 불안함 자체를 견디는 것이 대안이 될 수도 있을 테니 말이다. 다만, 문제의식을 넘어 어떤 대안적인 꿈을 꾸고 있다면, 혼자 그 꿈을 상상하기보다 누군가와 함께 꿈을 꾸고 키워 가기를 권하고 싶다. 혼자 현실의 어려움들을 헤쳐 나가기는 힘들지만 함께할 누군가가 곁에 있다면 그 꿈에 보다 가까워질 수 있기 때문이다. 우리의 삶을 행복하게 만들기 위해 함께할 사람들이 중요할 뿐 우리는 꼭 '성공'하지 않아도 된다.

오랫동안 방탕한 생활과 돈벌이를 하다 보니, 나 역시 다른 삶으로 전환하기가 어렵다. 대안적인 삶에 대한 고민도 많지만 곧 2세 출산도 앞두고 있는 처지라 그 실천 앞에서 주저하게 된다. 하지만 언제까지 고민만 하며 살 수는 없다. 어느새 나도 '대학 안 가면 뭐해 먹고 살아?'라는 질문에 떳떳하게 답해야 할 나이에 이른 것 같다. 나이와 숫자가 무슨 큰 의미를 가지고 있겠느냐만, 삶이라는 게 대나무 마디처럼 매듭을 잘 지어 가며 성장하는 것이라면, 이제 나도 잘 성장했다는 것을 증명해야 할 때가 아닌가 싶다. 물론 생물학적인 나이와 별개로 내 정신적 나이는 아직도 피터팬이지만, 언제까지 대기만성형 인간일 수는 없는 노릇 아니겠는가.

못난 이대로
살아갈 수 없다면

'그들의 마블'을 끝내기 위한 주문

김남미

열아홉, 그리고 스물

스무 살, 아니 열아홉 즈음이었나. 친구들은 번듯한 스무 살이 되었건만, 생일이 빨랐던 나는 여전히 열아홉이었다. 홀로 한 살 모자란 신분증을 들고 술집에서 번번이 쫓겨나야 했던, 지금 생각해 봐도 억울하기 짝이 없는 나날들. 'OO대 학생증'이라도 있었으면 요령껏 검문을 통과할 수 있었을 텐데, 내게는 그것마저 없었다. 이노무 더럽고 치사한 세상. 그렇게 나는 빨간 19금 푯말의 문턱 앞에서 멈춰 버린 반쪽짜리 성인이 되었다.

이맘때쯤 여성 청소년 영상팀 '미정이'라는 이름으로 다른 10대 여성들과 함께 영상을 만들 기회가 생겼다. 각자 개인 영상을 기획하는 단계에서 내가 처음 냈던 안은 나와 내 친구들의 이야기를 담은 '열아홉, 그리고 스물'이었다. 그러나 갓 스물이 된 여자애들의 다양한 이야기를 담으려던 초기 기획은 지하철에서 캠코더를 잃어버리고, 기껏 찍은 디지털 비디오(DV)가 아작나는 등의 아수라장을 거치는 동안 자연스럽게 폐기되었다. 빠듯한 일정에 쫓겨 자포자기하는 심정으로 다시 만든 영상이 '나'를 중심으로 한 셀프 다큐였다. 나, 우리 집, 내 가족들. 그런 게 제일 찍기 만만했으니까.

그때는 한창 '잉여'라는 말이 유행하던 시기였다. 학교를 안 가니 남아도는 건 시간뿐이었다. 아침에 자서 낮에 일어나고, 저녁밥으로 첫 끼니를 시작하여 밤에는 한드와 일드와 미드를 종횡무진 오가며 컴퓨터 본체를 뜨겁게 달구는 드라마 폐인의 생활을 한 반년쯤 했었나. 겉으로는 가벼운 척 "나는 잉여야" 하고 낄낄대면서 속으로는 한참 깊은 땅굴을 파고 있을 때였다. 고3 때부터 하던 청소년인권운동단체 활동도 그만두다시피 했다. 고등학교를 졸업한 이후로 차츰차츰 왠지 모르게 모든 것에 환멸 비슷한 걸 느꼈던 것 같다. 활동도 싫고, 반쪽짜리 성인이 된 것도 싫고, 뭘 해야 될지 모르겠는 것도 싫고, 뭔가 해야만 할 것 같은 이 압박감도 싫고, 무엇보다 스스로가 싫었다. 가끔씩 내 자신이 너무 싫어서 숨 막히는 기분이 들었다. 주변 사람들이랑 연락을 끊고 툭하면 잠수를 탔다. 흔히 학교를 그만 다니게 된 청소년들이 그러하듯, 갑자기 온전히 내 것이 된 하루 24시간에 당황하고, 생활에 대한 균형 감각을 상실한 채, 이런 날 누가 볼새라 온종일 방 안에 숨어 살던 때였다. 다큐를 찍기 시작했던 건 이 무렵의 일이었고, 내가 찍어야 했던 '나'는 여름철 땀에 전 이불처럼 가장 질척거리던 시절의 나였다.

친구들을 찍은 DV를 잃어버리지 않았다면 나를 주인공으로 한 다큐 같은 건 만들지 않았을 것이다. 내 현재 상황을 카메라로 담아내는 일은 생각보다 괴로웠다. 경제적 형편이 드러나는 집의 모양, 자매 셋이 함께 쓰는 좁은 방, 동생이 학교 끝나고 돌아올 때까지 이불 뒤집어쓰고 자고 있는 나, 방 한구석에 쌓여 있는 지저분한 빨래 더미. 내복 바람으로 설거지하는 엄마의 뒷모습, 내가 사는 동네, 한창 공사 중인 포장도로, 두 개의 전봇대 사이로 나부끼는 재개발 반대 현수막. 다큐를 찍는 동안 나는 카메라를 통해 10대 시절 내내 두 눈 질끈 감고 모른 척해 왔던 우리 집과 내가 사는 동네를 봐야 했다. 대학거부 이후, 공중에 떠버린 듯 혼자 남은 내가 어떤 두려움과 상실감에 시달리고 있는지 대면해야 했다. 화면은 그 무엇도 감춰 주지 않았다. 화면 안에 노골적으로 드러난 우리 집의 누추함이 편집하는 내내 나를 건드렸다. 미정이 영상 상영회에서 상영이 끝난 뒤 소감을 말하다 말고 왈칵 눈물이 터졌던 건 그래서였다. 실은 보여 주고 싶지 않았다. 아무것도 보여 주고 싶지 않았다. 내가 사는 모양을 들키고 싶지 않았다는 걸, 상영회까지 가서 주변 지인들한테 영상을 다 보여 주고 나서야 알았으니 바보가 따로 없었다. 이번 글도 그때처럼 또 바보가 될까 봐 쓰기 전에 좀 오랫동안 심난했지만 어쩌겠나. 생긴 대로 살아야지. 못나게 생긴 탓에 구질구질 못생긴 이야기밖에 할 게 없는 나의 죄로다. 내 다큐의 제목은 '못나서 그래'였다.

다른 걸까, 없는 걸까

스무 살 때는 아직 독립하기 전이라 남양주 부모님 댁에 살았었다. 그 집에서 서울에 가려면 청량리역을 거쳐 가야 했는데, 청량리역은 하필 엠티 가는 대학생들이 유독 많이 모이는 장소였다. 버스 정류장에서 박스째로 짐을 싸 들고 모여 있는 또래 사람들과 마주치면 아무래도 기분이 좀 싱숭생숭했다. 당시 같이 수능거부를 한 다른 애들도 아마 비슷한 기분이었을 거다. 하루는 다큐 때문에 친구가 다니는 대학에 찾아간 적이 있다. D대에 간 친구였는데, 아직 과 분위기에 영 적응을 못 해 힘들어하고 있었다. 자기는 이 대학에서 '아싸(아웃사이더)'라던 설명에 걸맞게 내 친구는 지가 다니는 학교에서 길을 못 찾고 헤매질 않나, 아는 사람 마주칠까 봐 피해 다니질 않나, 혼자 구경하기 아까운 모습을 마구 시전해 주었다. 그러나 내 친구가 아무리 불쌍한 아싸라도 걔는 내부인이었고, 진정한 외부인은 나였기 때문에 대학 한복판에서 대학생들을 구경하는 나는 점점 더 이상한 기분이 들 수밖에 없었다. 주위 풍경이 걸음걸음마다 참 낯설었다. 무심코 지나쳐 가는 대학생들을 보면서 괴리감이 많이 들었다. 저 사람들과 나는 어쩐지 같은 시공간 속에 있어도, 다른 세상에 살고 있는 것 같다는 생각이 들었다. 며칠 후, 그날 느꼈던 기분을 이렇게 기록했다. 다른 걸까, 없는 걸까. 나와 당신들은 다른 걸까, 아니면 당신들에게는 있는 것이 나에게는 없는 걸까.

본격적으로 돈벌이의 세계에 뛰어든 이후부터는 감성 돋게 저런 생각을 할 여유도 없었다. 축복받은 잉여의 기간은 길지 않았다. 툭하면 차비를 빌려 회의 다니는 게 당당하던 시절도 끝이 났다. 핸드폰 통신료가 밀려서 수·발신이 차단되길 여러 차례, 단기적인 수입으로는 생활을 할 수 없다는 걸 차츰 깨닫게 되었고, 스무 살 넘어서부터는 알바몬을 네이버만큼이나 자주 들락거리게 되었다.

맨 처음 알바를 한 곳은 하필 홍대에서도 장사 잘되기로 유명한 고깃집이었다. 고깃집 알바는 그 명성대로 더럽게 힘들었다. 그릇 종류가 많아서 한 번에 수거해 가려면 머리를 써서 쌓고 또 쌓기 전법을 통해 상을 치워야 했는데, 여기에 노이로제가 걸렸는지 밤마다 전략적으로 상을 치우는 꿈을 꿨다. 아침에 일어나면 억울했다. 퇴근하고 나서도 계속 일한 것 같은 이 기분은 뭔가. 제일 싫은 건 이 꿈을 꾸고 또다시 일하러 가야 했다는 거! 그럴 땐 진짜 울고 싶었다. 한번은 서빙 쉬는 틈에 컵 설거지를 하고 있는데 한 손님이 다가와 "내 딸이랑 나이도 비슷해 보이는데 고생하는 게 안쓰럽구나" 그러고는 만 원짜리 하나를 손에 쥐어 주고 가셨다. 처음에는 바로 돌려드리려고 했다. 그러나 차마 그러지 못한 건 이 시퍼런 종이 쪼가리 한 장이 내가 여기서 일해야 하는 무시무시한 2시간으로 보여서였다. 과장이 아니라, 거기서 일할 땐 5분이 무슨 1시간처럼 느껴졌다. 시간이 이렇게나 무겁고, 느리게 갈 수 있는지 그때 처음 알았다. 그렇게 나는 처음 한 알바에서 노동의 그악스러움과 돈 버는 고통을 절절히 느낄 수 있었다. 이후로도 다른 식당 알바, 호텔 알바, 마트 알바, 사무 보조 등 경력자 아니라고 안 시켜 준 카페 빼고는 종류별로 두루두루 일을 해 봤다. 정신적으로 굳건하지 못하여 사장님의 '너는 일하는 기계야' 어택에 오래 버티지 못하고 나가떨어지기 일쑤였으나, 돈벌이는 싫어도 해야 했으므로 어쨌거나 내 20대 초반은 크고 작은 알바의 연속이었다. 그래서 누가 나한테 "대학거부하고 어떻게 살았어요?" 하고 물어보면 "그냥 돈 벌고 살았는데요" 하고 대답한다. 원래 꼬박꼬박 좌우명 같은 거 만들어 가면서 지키고 사는 타입이었는데, 이때 신조는 그냥 '대충 살자'였다.

　별다른 목표도, 의지도 없이 흘러가는 대로 지내다가 일종의 전환점을 맞이한 게 2년 전이었다. 아는 사람 소개로 성매매 여성 관련 나름 큰 단체에서 계약직 사무 보조를 하게 됐다. 몇 달 지나 신입으로 채용된 다른 사람들의 면면을 보고 나서야 뒤늦게 고졸에다 별다른 경력도 없는 나의 채용이 비정상적이고 이례적인 케이스였다는 걸 알게 됐다. 내가 있는 동안에만 두 사람이 들어왔는데, 한 명은 법학과 재학생이었고, 한 명은 한예종 졸업생이었다. 그때 급하게 사람을 뽑아야 하는 상황이 아니었다면 고졸에, 봐 줄 만한 경력도 없는 나는 아마 안 되지 않았을까. 하하.

　4대 보험이 되는 안정적인 사무직에서 일한다는 건 알바만 전전하던 나에게는 신세계나 다름없는 경험이었다. 정기적인 수입은 내 생활을 안정시켰으며, 보통 알바보다 훨씬 나은 근로 조건은 나의 노동 역사상 처음으로 세 달 이상 근속할 수 있게 했다. 또한 4대 보험은 설사 잘리더라도 실업 급여를 받는 등의 제도적인 보장을 가능하게 해 줬다. 100만 원 조금 넘는 월급이 그리 많다고 할 순 없지만, 내 조건으로는 어차피 이 정도 직장도 구하기 힘들다는 걸 슬슬 느끼고 있었다. 알바몬 백날 뒤져 봐야 내가 지원할 수 있는 100만 원 넘는 월급의 일자리는 '발암發癌 알바'로 소문난 3대 통신사의 콜센터밖에 없었다. 알바몬을 통해 나는 소위 말하는 주제 파악을 했다. 무無스펙자의 갈 곳 없는 현실을 실감했다.

열아홉의 내가 물었다. 대학생인 너와 비대학생인 나. 우리는 다른 걸까, 너에겐 있는 것이 나에겐 없는 걸까. 이 말랑한 질문은 사회경제적 위치라는 관점에서 봤을 때 비로소 살벌한 구체성을 띠고 스물넷의 나에게 되돌아온다. 나와 너(대학생)는 취업할 수 있는 직장의 급, 받을 수 있는 월급의 급이 다른 건가, 아니면 너(대학생)는 가지고 있는 사회적 지위와 경제적 가능성이 나에게는 없는 건가. 대답은 글쎄, 굳이 안 해도 다들 알고 있지 않을까.

20%의 사람들, 대학 안 가거나 또는 못 가거나

고3 나이에 수능을 안 치고, 당장 대학에 가지 않는 것 자체가 그렇게 어렵고 특별한 선택 같지는 않다. 대학민국 평균 부모에 비해 좀 더 느긋한 부모를 둔 일부 홈스쿨러나 대안학교 학생들이 열아홉 살에 바로 수능을 치지 않고, 1~2년 정도 더 진로를 모색하는 경우를 종종 봤다. 그래 봐야 그 1~2년이 결국 더 좋은 대학을 가기 위한 준비 기간이 되거나 유학으로 종결된다는 점에서 크게 다른 선택 같지는 않지만, 이 케이스가 말해 주는 건 '대학을 가지 않는 이유'의 다양한 층위다. 체제에 더 여유

있게 녹아들기 위한 방편으로써 '일시적인 대학 유예'를 택하는 사람들도 얼마든지 있다. 모두가 입시에 미친 교육과 경쟁적인 시스템을 거절하는 행동의 의미에서 대학을 거부(또는 유예)하지는 않는다. 그런 마이너한 애들이 뭐 얼마나 많을라고……. 누군가는 더 잘 살기 위해서 안 가고, 누군가는 더 잘 가기 위해서 안 가고, 누군가는 가고 싶어도 못 가며, 누군가는 갈 생각조차 할 수 없는 것이 대학이다. 보다 일반적인 대학거부는 차라리 그것을 의식하지 않는 사람들의 동기나 일상에서 오는 것이 아닐까. 언젠가는 대학을 거부한 사람들이 아니라, 대학에 갈 수 없었던 사람들의 이야기를 해 보고 싶었다. 멀리 갈 것도 없이 실은 내가 그런 사람이었으니까.

  대학에 안 간 것은 내 선택이기도 했지만, 선택이 아니기도 했다. 그럭저럭 평범하게 남들만큼은 살았던 유년기를 지나 중학교를 졸업할 무렵, 우리 집은 카드 빚에 발목이 잡혀 폭삭 망해버리고 말았다. 고등학교 1학년 2학기에 학교를 자퇴하려고 했을 때, 아빠는 "사람이 고등학교 졸업장은 있어야지" 하며 단호하게 나를 말리셨지만, 대학교 졸업장은 고등학교 졸업장과 달리 감당할 수 없을 정도로 그 값이 비쌌던 탓에 차마 나에게 사 줄 엄두를 내지 못하셨다. 지금은 그때보다는 집안 형편이 나아졌지만, 당시에는 재개발 때문에 이사 갈 집 보증금 마련하는 것만으로도 막막했을 때라 도저히 1년에 천만 원씩 하는 대학 등록금 같은 걸 댈 수 있는 상황이 아니었다. 다행인지 불행인지 집안 사정에 앞서서 나란 인간부터가 대입에 별로 의지가 없었다. 중학교 때까지만 해도 나름 성실한 모범생이었는데, 고등학교 올라가면서부터 적응을 잘 못 했다. 여름방학 동안 동네 도서관에서 현 교육을 비판하는 책들을 깡그리 모아다가 쌓아 놓고 읽었다. 단순히 자퇴 이유로 써먹을 변명거리나 만들려고 시작했던 짓거리였는데, 한 권 두 권 읽다 보니 시험공부를 하려고 할 때마다 속이 메스꺼워지고, 세상살이가 혐오스러워지는 등 체질이 바뀌고야 말았다. 그러는 동안에도 막상 대학에 대한 생각은 '가야 하나, 말아야 하나' 정도의 막연한 수준이었는데, 고3이 되어서도 끝끝내 '대학에 꼭 가야 하는 이유'를 찾지 못했다. 몇 개 찾은 답지들은 어쩐지 다 거짓말 같았다. 그렇게 어영부영 대학에 못 가는 몸이 되어 대학생보다도 희귀한 고졸 딱지를 달게 되었다.

한국의 대학 진학률이 80%나 된다며 고학력 시대다 뭐다 떠드는 기사를 본 적이 있다. 그걸 보는데 나머지 20%는 뭘 하고 살고 있을까 싶었다. 숫자로 환산하면 꽤 많은 수의 사람들이 대학을 안 가거나 못 갔다는 얘긴데, 이 20%가 다 어디로 숨어서 이렇게 안 보이는 걸까 궁금했다. 한번은 술집에서 자기가 고졸이라 직장에서 얼마나 힘든 줄 아냐며 주정을 부리는 어떤 언니를 보고 충동적으로 말을 걸어 본 적도 있다. 주변의 청소년인권운동을 하는 애들 말고 보통의 대학 안 간 사람들은 어떻게 사나

묻고 싶었고, 얘기를 듣고 싶었다(그러나 너무 취해서 오래 대화하지 못하고 금방 헤어졌다).

  사실 20%의 사람들을 그렇게 멀리서 찾을 것도 없었다. 아직 고등학생이었을 때 집 앞 중국집에 배달하는 오빠가 있었는데, 하루는 우리 집에 놀러온 사촌 오빠한테서 그 오빠가 옛날 자기 친구라는 얘기를 들은 적이 있다. 그 후로 왠지 호기심이 생겨서 그 오빠가 중국집 앞에서 시간 때우고 있는 모습을 지나가다 힐끔힐끔 쳐다보곤 했다. 그 오빠도 대학생은 아니었다. 안 가거나 혹은 못 갔겠지. 나처럼.

  나만 그런 게 아니라 우리 부모님도 대학 문턱을 밟지 못하셨다. 두 분 중에서도 엄마는 초등학교도 다니다 말고, 중학교까지만 검정고시로 마치셨다. 엄마는 집안이 어려워진 이후부터 식당에서 일을 시작했다. 내가 한창 고깃집, 부대찌갯집 등에서 서빙 알바를 하던 시절에 우리 엄마는 너도 나랑 똑같은 일 한다고, 동질감을 느끼면서 좋아했다. 그러다 내가 책상맡에서 일하게 된 후에는 너는 힘든 일 안 해서 좋겠다며 애처럼 부러워했다. 하기야 우리 엄마는 나 어렸을 때부터 학교 졸업하면 공장 가서 경리로 취직하라고 말하던 사람이었다. 무슨 엄마가 딸한테 공장 경리를 하래. 딸한테 그 정도 기대밖에 못 하는 엄마가 어릴 땐 이해가 안 갔고, 나중 들어서는 슬펐다. 한참 아르바이트를 알아보던 어느 날, 구인 광고에 걸려 있는 나이 제한(20세

이상 30세 미만 등)을 보면서 문득 그런 생각이 들었다. '지금이야 20대니까 알바로 먹고살지, 30~40대 되면 이런 알바도 못 하겠네. 결혼해서 남편 덕 보며 살지 않는 한 나이 먹으면 꼼짝 없이 식당 이모밖에는 할 게 없겠다. 엄마 말이 맞네. 내 머나먼 미래는 지금의 엄마일 수도 있겠구나.' 부모는 자식에게 자신의 사회적, 경제적 위치를 물려준다. 나는 우연처럼 다가온 필연 속에서 20%의 비대학생이 되었다. 100만 원대의 저임금 노동만이 가능한 지금의 현실은 20년 뒤 경제적 하위층으로서 맨 아래 20%로 연결될 가능성이 높다. 나랑 상관없는 일인 양 뻔뻔하게 말하고 있지만, 사실은 고작 가능성의 수준이 아니라는 걸 이미 알고 있다. 그래서 가끔은 좀 무섭다.

고1 여름방학 때 읽었던 책들 사이에 학교를 똑같이 생긴 상품(학생들)을 생산하는 공장에 비유하는 삽화가 하나 있었다. 그 그림을 보면서 속으로 생각했다. 학교만 그런 게 아니라고. 이 사회 전체가 영역별로 조직되어 있는 거대한 공장 같았다. 교육, 노동, 기업, 정치에서 뻗어 나오는 관들이 서로 복잡하게 얽혀 있는 장면을 상상한다. 그것들이 어떻게 연결되는지 자세한 형태를 알아볼 수는 없지만, 크고 작은 공정 과정은 이미 정해져 있기 때문에 같은 라인을 탔다면 어떤 재료를 투입하든 비슷한 수준의 삶이 재생산된다. 나 역시 중졸 엄마 뱃속에서 났을 때부터 가난의 라인을 탔다. 그렇다고 해서 내가 타고 난 배를 미워하고 탓하는 식의 신파극을 찍을 생각은 없다. 우리 엄마는 잘못한 게 없으니까. 20년 뒤의 미래를 두려워하게끔 하는 불안의 출처는 따로 있다.

대학, 그들의 마블

원래는 가능한 수준에서 일해서 돈 벌고, 퇴근하면 티비 보고 뒹굴뒹굴거리면서 적당히 살아갈 요량이었으나, 지난 몇 년 사이 일하는 곳에서 조직 사회의 여러 단면을 보게 되면서 성질이 뻗쳤다. 그동안 앞서 말한 성매매 여성 관련 단체까지 포함해서 사회복지 분야의 일들을 몇 개 했었는데, 그때마다 복지 판에서 약자들을 위한다는 명목으로 자기들 잇속을 챙기는 모습을 봤다. 내가 잘 몰라서 그런 걸 거야, 함부로 말하지 말자, 그런 생각으로 이해해 보려고도 애썼는데, 지켜보면 지켜볼수록 이건 아닌 것 같았다. 새삼 화가 났다. 세상이 뭐 이따위냐고, 이러면 안 되는 거 아니냐는 말이 목구멍까지 차올랐다. 보통의 일자리에서는 애석하게도 뜨끈하게 차오르는 이 말들을 솔직하게 털어놓을 수 없었다. 순진한 분노, 솔직함 따위가 통용되는 세계가 아니었다. 더 말라비틀어지기 전에 소장님 말씀에 썩어 가는 내 표정을 감추지 않아도 되는 곳에서 맘 편히 숨 쉬고 싶었다. 내 앞에 앉은 사람이 누구든 살짝 반사회적인 구석이 있는 내 생각을 눈치 안 보고 말하며 살 수 있었으면 했다. 그리하여 재작년부터 인문학 교육을 하는 어느 단체에서 상근을 하게 되었다. 예전부터 친했고, 평소 활동하는 모습을 응원했던 지금의 동료들과 함께 일하게 된 것이다.

  교육을 업으로 삼고 있는 일터에 오게 되니 부쩍 공부에 대한 관심이 늘었다. 평소에도 단체 사람들이랑 내부 세미나를 하긴 했다. 하지만 각자 바쁘다 보니 함께 공부할 시간 맞추기도 쉽지 않아 결국 흐지부지 되었다. 혼자서라도 좀 해 보고 싶은 맘에 일반인 대상 강좌를 여는 이런저런 연구 공간들을 찾아가 보기도 했는데, 너무 전문적인 수준으로만 강의를 하다 보니 쥐뿔 아는 거 없는 내가 필요로 하는 내용과는 맞지 않았다. 대학도 안 다녀, 대안 연구 공간이라고 하는 곳들도 나에게는 대안이 못 돼. 공부를 하고 싶긴 한데, 맘처럼 할 수 있는 곳이 없는 억울한 상황 속에서 기댈 만한 구석이라고는 허름한 인맥밖에 없었다. 그렇게 주변의 아는 친구가 하는 철학 세미나에 끼게 되었다. 근데 하필 그 아는 친구가 서울대 대학원생이었다. 그 이후로 일주일에 한 번씩 높은 산자락에 걸친 서울대학교를 향해 마을버스를 타고 한바탕 등산을 해 대는 이상한 주말을 보내게 되었다. 하루는 세미나 하면서 잠시 쉬는 시간에 누군가 이런 얘기를 했다. "요즘은 서울대도 돈 많은 애들이 많이 오더라. 무슨 신입생들이 차를 몰고 다닌다니까." 고액 과외 받고, 대치동 학원 다닌 강남 애들이 죄다 왔을 테니 놀랄 일은 아니었다. 그때 문득 그런 생각이 들었다. 이제 대학에는 정말 잘사는 애들만 남았구나. 물론 이건 내 단순한 감상이고, 실제로는 여전히 어렵게 학비 벌면서 다니는 분들도 많을 테지만, 어느 때보다 경제적인 양극화가 심해진 시대니까 상위 대학 안에서 그런 경향이 두드러진다는 건 충분히 가능한 얘기 같았다. 작년 수능철에 나온 어느 통계에서도 외고·자사고·강남권에서 SKY 가는 비율이 압도적이더라.

확실히 지금의 대학은 '모두의 마블'이 아니다. 이건 명백한 '그들의 마블'이다. 심지어 이 학벌 획득 게임은 매번 '그들의 승리'로 끝이 나는 짜고 치는 판 안에서 굴러가고 있다. 그들에게는 행운의 아이템(예를 들면 사교육, 풍부한 정보, 인맥 같은)을 얼마든지 구매할 수 있는 자본이 있다. 강대국이 식민지 점령하듯이 중산층은 '학벌'의 땅따먹기를 통해 자신들의 지분을 유지한다. 부모가 하늘(sky) 높이 자식을 밀어 올리느라 혈안이 되는 데는 꼭 자식을 위해서라기보다는 자신들의 지위를 유지, 상승시키기 위한 욕망도 있을 것이다. 입시라는 게임의 결과를 통해 공식적으로는 공평하게 각자의 교육 레벨이 정해진다. 그 레벨은 경제적 자원과 사회적 특권을 분배받을 자격(대학)의 급이다. 학벌사회를 비판하는 진보적인 사람들도 대학에 속해 있다. 그들은 대학생이거나 대학원생이나 대학 강사거나 대학 교수다. 교육 레벨은 물론 높다. 가끔 공부를 업으로 하는 사람들을 만나 이제라도 대학에 가 보라는 권유를 듣거나, 대학이 가진 장점들을 듣게 될 때면 좀 이상하다는 생각이 들고는 한다. 학교는 계급 재생산의 도구라며? 고등학교까지만 그런 거야? 대학은 아니야? 대학이 돈만 아는 기업이 되었다며? 근데 왜 자꾸 가래? 원래의 기능이야 어디로 도망갔는지 모른다. 현재의 대학은 불평등한 분배를 정당화하는 기관으로서 기능한다. 이 정당화의 밑바탕에는 대학이 가진 지적인 권위와 대학생을 '정상적인 인재'로 인정하고 채용하는 시장과의 제도적인 합의가 깔려 있다. '지적 권위', '인재 인증' 이 두 가지는 서로 연결되어 대학이라는 기관의 사회적 신뢰와 실질적인 영향력을 형성한다.

대학 안 가도 원하는 분야를 공부할 수 있고, 대학에 안 가도 노후가 두렵지 않을 만한 일자리에 취업할 수 있는 세상을 원한다. 대학이 학문도, 취업도 다 되는 독점적인 기관으로 자리 잡는 바람에 온갖 병폐에 시달리고 있는 지금 상황에서 대학이 가진 힘을 어떤 식으로든 분산시켜야 한다는 주장이 그렇게 비현실적이고 비상식적인 요구인가? 대학생이라는 지위, 학벌, 스펙, 그 무엇이 됐든 사회적 특권을 향한 경쟁과 그런 시스템의 유지에 반대의 목소리를 내는 것은 그런 식으로는 불안정한 노동, 극단적 빈곤 등 바깥으로 내쳐질 수밖에 없는 이들이 있어서다. 네가 아무리 좋은 뜻이 있어도 현실이 이러니 어쩔 수 없다, 그러니 너는 대학에 가라는 소리는 거칠게 말하면 힘을 가지라는 소리다. 그렇다면 끝내 힘을 가질 수 없는 사람들에 대해서는 뭐라고 말할 것인가. 대학 같은 건 절대 갈 수 없는 약자들의 '현재'의 열악한 상황에 대해서 말하는 거다. 지금의 무관심과 냉소는 그들에 대해서 너희가 못난 건 너희 책임이니 생긴 대로 알아서 살라고 말하고 있는 것만 같다.

'정치적인 글쓰기'라는 단어를 들은 적이 있다. 맞다. 이 글은 대학에 못 가는 사람의 입장에서 내린 정치적인 판단과 고민의 결과다. 나는 '그들의 마블'에 참여할 수도 없고, 하고 싶지도 않다. 그건 우리에게 유리한 게임이 아니다. 어차피 이 판 안에서 우리는 절대 이길 수 없을 테니까.

내가 못난 이대로 살 수 없다면

달리 이 정체성을 설명할 말이 없어 그냥 쓰기는 하지만, '대학거부자'라는 타이틀을 그리 좋아하지는 않는다. 일단은 너무 비장해서 닭살 돋는다. 두 번째는 '거부'라는 말에서 오는 저항적인 느낌 때문인지 흔히 '용기 있는 선택' 같은 수식어가 따라붙기 쉬워서 그렇다. 이 수식어는 대학거부에 있어서 보다 복합적인 시스템의 문제를 개인적이고 자율적인 선택의 영역으로 축소시킨다. 용기 있는 소수와 그렇지 않은 평범한 다수가 각각 택한 두 가지 삶의 방향 정도로 지형을 단순화시킨다. 대학은 사실 과대 포장된 질소 과자 같은 것이고, 막상 그 안에 별 게 안 들었다는 건 다들 안다. 그럼에도 불구하고 전국 수백만의 아이들이 죽자고 대학을 향해 내달리는 건 스펙 경쟁에서 벗어난 대안적인 삶보다는 피 마르는 직장생활이 차라리 나은 현실적 한계 때문이고, 나 역시 돈 문제 때문에 골머리를 앓을 때마다 비슷한 한계 속에서 갈등을 겪는다. 그럴 때 맘을 다잡게 되는 건 어차피 나는 못나게 태어나서 윗물에서는 못 논다는 내 나름의 현실감각 넘치는 판단 덕분이고, 나라고 생존경쟁에서까지 떠밀리고 싶은 생각은 없으므로 어찌됐든 지금 이대로도 살아남을 수 있는 가능성을 모색하고 있다.

2008년에 수능거부를 하고, 6년의 세월이 흘렀다. 짧지 않은 시간을 보내면서 느낀 것들이 있다. 지금까지의 대학거부는 개인전이었다. 대학거부, 이후의 삶도 마찬가지였다. 알아서 거부했고, 알아서 버텼다. 대학 없이도 자존감과 생존을 유지할 수 있는 최소한의 풀은 있어야 한다. 세상 나 혼자 사는 것도 아니고 혈혈단신 버틸 수는 없다. 어떤 형태가 되었든 대학거부자들이 사회적 생존을 보장받을 수 있는 물리적인 공간이 확보되지 않는 한 지금의 대학거부운동은 지속되기 어렵다. '이후의 삶'을 논하기 위해서는 입시 교육에 대한 비판뿐만 아니라 한 인간의 삶의 전 영역을 다루는 다양한 문제제기가 필요하다. 학력 기준으로 인해 저임금 노동 외에는 허용되지 않는 차별적인 노동 현실이라든지, 비정규직 알바를 전전하는 탓에 은행대출 받을 자격도 없어서 살 집을 구하기도 빡세지는 주거의 문제라든지, 더 나아가서는 가난한 노인들은 다 죽으라고 등 떠미는 이 나라의 살벌한 사회보장체계라든지……. 얼핏 보기에는 하나하나가 서로 다른 영역인 것 같고, 대학 문제와는 상관도 없어 보이지만, 실은 이 모든 더러운 현실이 총체적으로 얽혀 있기에 우리가 학교에서 '이 다음에 커서 노숙자 되기 싫으면 닥치고 성적을 올려라'라는 식의 교육을 받고 있는 거 아닌가. 각자의 자리에서 학벌사회를 '어쩔 수 없는 문제'로 정당화하는 개인들의 공모는 이렇듯 빡센 삶의 조건들 속에서 이루어진다.

    교육 문제가 따로 있는 것처럼 말하는 사람들 틈바구니에서 감히 저주의 말을 지껄여 본다. 가진 거 없는 내가 지금 이대로 인간답게 살아갈 수 없는 세상이라면, 입시 교육도, 학벌사회도, 신자유주의도, 백 년 천 년 만 년 안 바뀌고 영원할 거라고.

| 부록 |

대학입시거부선언문

우리는 대학입시를 거부한다. 오늘 우리와 같은 청소년들 수십만 명이 대학수학능력평가, 수능 시험을 보고 있을 것이다. 하지만 모두가 안다. 그 시험은 대학에서 배울 준비가 되었는지 알아보는 시험이 아니라 수십만 명을 점수로 등급으로 줄 세우기 위한 것이라는 걸. 대학입시 경쟁은 남의 꿈을 밟고 올라가는 전쟁이라는 걸. 우리의 삶에 가격을 매기는 상품화의 과정이라는 걸. 이 경쟁에 미친 입시 위주 교육과 불안정한 모두의 삶을 무시한 채 폭주하는 사회에 제동을 걸기 위해 우리는 대학입시라는 단단한 제도에 시비를 건다. 조용히 경쟁에서 지쳐 떨어지는 대신, 경쟁에 뛰어들어 남을 짓밟고 뜀박질하는 대신, 사회가 불여 준 '루저'라는 딱지를 버리고 스스로 거부자의 길을 택한다.

우리에게 따가운 시선을 보낼 이들에게, 미래에 대한 두려움과 불안을 부추기는 사회에 묻는다. 어째서 모두가 자신이 원하는 배움이 아니라 시험을 위한 공부만을 해야 하고 주어지는 정답만을 외워야 하는지. 서로를 도우며 즐겁게 공부하고 성장하지 못하고 무한 경쟁을 견뎌 내야만 하는지. 대학은 왜 선택이 아닌 의무처럼 강요되고, 다양한 삶의 길이 아닌 '명문대'에 가는 것만이 성공이라 하는지. 왜 대학만이 독점적으로 '학력', '자격', '지식'을 판매하고, 대학 밖에서는 다른 배움의 길을 찾기 어려운지. 정부와 사회는 왜 교육을 책임지지 않고 우리 개개인에게 무거운 책임을 떠넘기는지. 점점 가혹하게 자신을 채찍질해도 우리의 삶의 조건은 나아지지 않는다. 오늘의 불행을 저축해도 내일의 행복이 오진 않을 것 같고, 불안과 경쟁만이 이어진다. 도대체 누가 우리에게 이런 불안하고 불행한 삶을 강요하는가.

우리는 대학입시를 거부한다. 우리의 거부는 그저 대학을 안 가겠다는 선택이 아니다. 지금의 입시가, 대학이, 교육이, 그리고 사회가 잘못되었음을, 온몸으로 외치는 것이다. 일단 그래도 대학은 가고 보라는 유예의 주문에 맞서, 지금 여기서 바꾸자고 말하는 것이다. 더 이상 교육에 사회에 문제가 있다고 혀만 차지 말고, 지금부터 같이 바꿔 나가야 한다고 손을 내미는 몸짓이다.

우리는 낙오자라 손가락질받을 수도 있다. 하지만 우리의 이러한 거부가 낙오가 아니라 온전한 선택이 될 수 있는 사회를 꿈꾸기에, 우리는 거부라는 길을 택한다. 잘못된 쪽은 우리가 아니다. 획일적인 경쟁에서 밀려난 누군가는 불행해져야만 하고, 그래서 모두가 불안과 불행을 안고 살아야만 하는 이 사회이다.

모두가 자유롭게 배우고 행복하게 살기 위해, 이제는 이 교육과 사회가 바뀌어야 한다. 우리는 교육이 우리의 보편적 권리로서 존재하고, 누구나 자유롭게 누릴 수 있기를 원한다. 대학 밖에서도 다양한 배움의 길, 삶의 길을 찾을 수 있기를 원한다. 무한 경쟁 교육이 아니라 우리를 위한 교육을 원한다. 학력이 학벌이 차별의 이유가 되지 않으며 학교가 서열화되지 않은 사회, 우리를 상품이 아닌 인간으로, 우리의 모습 그대로 보는 사회를 원한다. 불안과 두려움에 쫓겨 달리지 않아도 되는 세상을 원한다. 우리 사회가 모든 이들의 최소한의 생존, 사람다운 삶, 행복추구권을 보장하기를 요구한다.

우리에게 수능만을, 순응만을 요구하는 교육, 남을 밟는 것 외에 살길은 없다고 말하는 이 사회. 이것들을 위해 희생하기에는 우리의 오늘이 너무 아깝기에, 학력과 학벌로 인한 차별과 불평등에 갇혀 있기에는 우리들의 배움이 너무 소중하기에, 그렇기에 우리는 선언한다. 여기 대학입시를 거부하는 이들이 있노라고. 자유로운 배움을 위해, 존엄하고 안정된 인간적인 삶을 위해,

유예되지 않는 행복을 누리기 위해, 행동하겠다. 살아가겠다.

2011년 11월 10일

대학입시거부선언자들

고예솔 김민성 김재홍 김해솔 문동혁 민다영
박제헌 양현아 이찬우 이현지 임준혁 장주성
전경현 정열음 조만성 최경수 최난희 한소영

(18명)

대학입시거부로 세상을 바꾸는
투명가방끈 모임의 요구

줄 세우기 무한 경쟁 교육에 반대한다

교육의 목적은 우리가 좀 더 사람답게, 잘 살 수 있도록 하는 것입니다. 하지만 지금 우리 교육은 과연 어떤가요? 사람을 점수 매기는 것, 줄 세우는 것 자체가 목적이 되어 있는 모습이지 않습니까? 경쟁시키는 것 자체가 교육의 목적이 되어 있지 않습니까? 수능과 대입은 우리의 수학능력을 검정해 보겠다고 하지만, 실제로는 상대평가로 우리를 등급으로 나누고 줄 세우는 것일 뿐입니다. 시험은 우리를 숫자로 점수 매기기 위한 것일 뿐입니다. 점점 더 치열해지는 경쟁 속에서 어떤 이는 숨 막히는 압박감을 견뎌 내야 하고, 어떤 이는 아예 경쟁에서 밀려난 낙오자 취급을 받아야만 합니다. 우리들의 가치는 점수로 성적으로 등수로 백분위로 매겨지고 있습니다. 이건 인간을 위한 교육이 아니라 상품을 위한 품평이고 경쟁일 뿐입니다. 무한 경쟁은 교육이 아닙니다. 줄 세우기 무한 경쟁 교육에 반대합니다.

획일적인 정답만을 강요하는 권위적인 주입식 교육에 반대한다

시험을 위한, 경쟁을 위한 교육은 우리들에게 정답을 외울 것을 강요합니다. 주어진 정답을 얼마나 잘 외웠는지, 시험을 내고 점수를 매기는 사람의 말을 얼마나 잘 듣는지가 우리를 평가하는 기준이 됩니다. 교육은 학생들이 함께하는 과정이 아니라 교사가 강사가 조용히 있는 학생들을 대상으로 정답을 가르치고 주입하는 일방적인 과정이 됩니다. 이런 교육이 학생들이 자유롭고 주체적인 사람으로 살아가는 데 도움이 될까요? 학생들은 교육의 주체입니다. 학생들에게 이미 정해진 정답을 일방적으로 외우게 하는 교육이 아니라 자신의 답을 찾아가고 체험하는 교육이 더 좋은 교육입니다. 다양한 답을 인정하는 교육, 체험하고 생각하고 연구하고 토론하는 교육, 참여하고 대화하고 소통하는 교육을 원합니다.

교육과정에서 학생의 인권은 보장되어야 한다

학생들은 학교에서 인간으로서의 여러 기본적 권리를 보장받지 못하는 일이 많습니다. 두발 복장 단속, 숱한 차별들, 폭력들이 당연한 일상처럼 일어납니다. 학생들이 목소리를 냈다가는 처벌이나 불이익을 받기도 합니다. 학생이 감당할 수 없는 과도한 경쟁의 압박이나 공부 부담 그 자체가 인권 침해가 됩니다. 많은 스트레스를 받고 수직적인 권력 관계를 내면화한 학생들 사이에서도 차별과 폭력이 일어나곤 합니다. 몇몇 지역에서 학생인권조례가 만들어졌지만 아직도 부족한 게 많습니다. 학교가 더 효율적으로 값싸게 학생들을 관리하고 통제하려는 것은 학생 인권 침해의 원인입니다. 이는 인간보다, 학생보다 성적이, 입시가, 성과가 더 중요시되는 비정상적인 교육의 모습입니다. 교육에 참여하는 것은 인간이기를 포기한다는 뜻이 아닙니다. 오히려 교육 과정에서 우리의 인권은 더욱 잘 보장되어야 합니다.

교육의 목표가 입시와 취업이 되어서는 안 된다

교육은 우리가 사람으로서 잘 살아가는 법을 배우고, 우리의 소질을 계발하고, 사람답게 더 잘 살기 위한 것입니다. 하지만 지금 학교는 입시 준비 학원, 취업 준비 학원 같은 모습입니다.

우리가 배우는 내용들은 많은 부분이 입시나 취업에 필요한 것들로 채워져 있습니다. 교육이 시험을 보기 위한 도구, 생존을 위한 스펙 쌓기로 변질되어 버린 것입니다. 이런 입시, 취업 위주의 교육은 그 내용도 우리들의 삶에 실제로 필요한 것보다는 '시험 봐서 점수 매기기 좋은 것'들로 채워집니다. 그럴수록 지식은 삶에서 동떨어지게 되고, 학생들이 진짜로 필요한 것들을 배울 수 있는 기회가 사라집니다. 우리는 교육의 목표가 입시와 취업이 되어서는 안 된다고 생각합니다. 학생들이 자신의 흥미와 적성에 맞고 바람직한 삶을 사는 데 필요한 다양한 지식, 체험과 만날 수 있는 교육을 요구합니다.

누구나 질 좋은 교육을 받을 수 있도록 교육 예산이 확보되어야 한다

대학 등록금은 1년에 수백만 원, 학교에 따라서는 천만 원을 넘어서고 있습니다. 대학 교육은 돈 많은 사람들만이 별 부담 없이 누릴 수 있습니다. 대학뿐 아니라 고등학교 학비도 부담스러울 정도로 치솟고 있는 상황입니다. '교육열'은 단지 정부가 사회가 교육을 함께 책임지지 않고 개인의 부담으로 떠넘기고 있다는 뜻일 뿐입니다. 어느 학교든 전반적인 교육 예산은 부족하기만 합니다. 학교 시설은 열악하고, 교사의 종류와 수는 부족하고 학급당 학생 수는 너무 많습니다. 교육 예산 부족은 학생들의 인권을 침해하고 좋은 교육을 누리지 못하는 원인입니다. 교육은 상품이 아니라 모두가 누리는 권리입니다. 사회에서 정부에서 교육에 많은 예산을 배정해야 합니다. 유치원부터 대학교까지의 완전한 무상 교육, 보편적인 교육 환경 개선을 요구합니다.

모든 사람들이 대학을 가야 한다는 편견과 강요에 반대한다

한국에서 대부분의 중·고등학생들은 고등학교를 졸업하면 대학에 꼭 가야 한다는 압박을 받게 됩니다. 대학 진학율이 80%를 넘어서는 현실에서, 일단 대학에 가는 것을 당연한 것으로 생각하고 대학을 가지 않거나 못 가는 사람들은 낙오자나 못난 사람 취급을 받게 됩니다. '좋은 대학'을 나오고 '좋은 직장'에 취직하여 가정을 꾸리는 것이 '성공한 삶'인 것처럼 생각되고 있습니다. 여기에는 일단 대학이라는 공인된 기관을 졸업해야만 좀 먹고살 만하다는 경제적인 이유부터, 다른 방식의 삶에 대한 편견이나 두려움, 거부감이 있습니다. 대학은 더 공부하고 싶은 사람, 더 전문적인 연구를 하고 싶은 사람들이 가는 하나의 선택지여야만 합니다. 대학 밖에서도 다른 많은 공부나 지식을 얻을 수 있어야 합니다. 대학을 모두가 가야만 하는 것처럼 생각하는 사회에 반대합니다.

대학과 학벌로 사람을 평가하고 차별하는 학벌 차별과 학벌사회에 반대한다

이 사회에서 학력과 학벌은 사람을 평가하는 중요한 잣대가 되고 있습니다. 고졸보다는 대졸이, 대졸 중에서도 이른바 '명문대 출신'이 더 능력 있고 훌륭한 사람이라는 평가를 받습니다. 임금부터 시작해서 많은 상황에서 차별을 받게 되고, 사람들도 학력과 학벌에 따라 사람을 다르게 대하곤 합니다. 이런 사회의 모습은, 모두가 대학을 가야 한다는, 그리고 더 이름값 있는 대학을 가야 한다는 압박으로 이어집니다. 인간은 결코 학력이나 학벌만으로 그 가치를 매길 수 없습니다. 학력이나 학벌에 대한 차별이 사라져야 제대로 된 교육이 가능하고, 평등한 기회가 보장될 수 있습니다. 학력과 학벌에 대한 차별들을 금지하고 사람들의 차별적인 생각들을 바꿔 나갈 것을 요구합니다.

누구나 최소한의 먹고사는 걱정 없이 배우고 싶은 것을 배우고, 하고 싶은 것을 할 수 있는 안정적인 사회보장이 이루어져야 한다

우리 사회의 소득 격차는 점점 더 벌어지고 양극화는 심해지고 있습니다. 조금이라도 좋은 배경과 학력, 학벌을 확보해 둬야 좋은 직업을 가지고 소득 수준을 조금이라도 높일 수 있다는 희망을 품을 수 있습니다. 결국 조금만 삐끗하면 저소득층, 빈곤층으로 추락할 거라는 두려움이 사람들을 채찍질하고 지금과 같은 경쟁 교육과 사회를 유지하는 악순환을 만들고 있습니다. 누군가 대학을 가지 않고 특출난 능력과 운으로 억만장자가 된다고 해도 그건 극소수의 이야기일 뿐, 오히려 그런 운과 재능이 없는 많은 이들은 대학에 목을 매야 합니다. 생존은 인간의 가장 기본적인 권리입니다. 사람이 행복을 추구하며 사람답게 살기 위해서는 '굶어 죽을지도 모른다', '집을 잃을지도 모른다'와 같은 두려움으로부터 벗어나야 합니다. 사회보장과 복지제도를 바꾸고 경제구조를 바꿔 가면서, 모두에게 최소한의 생계를 보장하는 사회를 요구합니다.

대학입시거부로 세상을 바꾸는
투명가방끈들의 모임 cafe.daum.net/wrongedu1

교육공동체 벗

교육공동체 벗은 협동조합을 모델로 하는 작은 지식공동체입니다.
협동조합은 공통의 목적을 가진 사람들이 모여서 만든
권력과 자본으로부터 독립된 경제조직입니다.
교육공동체 벗의 모든 사업은 조합원들이 내는 출자금과 조합비로 운영됩니다.
수익을 목적으로 하지 않기에 이윤을 좇기보다
조합원들의 삶과 성장에 필요한 일들과
교육운동에 보탬이 될 수 있는 사업들을 먼저 생각합니다.
정론직필의 교육전문지, 시류에 휩쓸리지 않는 정직한 책들,
함께 배우고 나누며 성장하는 배움 공간 등
우리 교육 현실에 필요한 것들을 우리 힘으로 만들고 함께 나누고 있습니다.

조합원 참여 안내

출자금(1구좌 일반 : 2만 원, 터잡기 : 50만 원)을 낸 후 조합비(월 1만 원 이상)를 약정해 주시면 됩니다. 조합원으로 참여하시면 교육공동체 벗에서 내는 격월간 교육전문지 《오늘의 교육》과 매월 온라인으로 발행하는 조합 회지 〈벗마을 이야기〉를 받아 보실 수 있습니다. 출자금은 종잣돈으로 가입할 때 한 번만 내시면 됩니다. 조합을 탈퇴하거나 조합 해산 시 정관에 따라 반환합니다. 터잡기 조합원은 벗의 터전을 함께 다지는 데 의미와 보람을 두며 권리와 의무에서 일반 조합원과 차이는 없습니다. 아래 홈페이지나 카페에서 조합 가입 신청서를 내려받아 작성하신 후 메일이나 팩스로 보내 주세요.

홈페이지 communebut.com
카페 cafe.daum.net/communebut
이메일 communebut@hanmail.net
전화 02-332-0712, 070-4084-0712
팩스 0505-115-0712

교육공동체 벗을 만드는 사람들

※ 하파타 순

후쿠시마 미노리, 황호연, 황진원, 황지영, 황정일, 황정인, 황정원, 황정욱, 황이경, 황은복, 황율호성, 황율숙, 황승욱, 황봉희, 황미숙, 황기철, 황금희, 황규선, 황귀남, 황경희, 홍휴지, 홍용덕, 홍순희, 홍순성, 홍세화, 홍성진, 홍성, 홍석근, 홍미영, 형근혜, 현복실, 허효인, 허진혁, 허은실, 허수욱, 허성균, 허보영, 함점순, 함영기, 한회정, 한학범, 한지희, 한주, 한정해, 한은옥, 한영욱, 한승호, 한성찬, 한상모, 한봉순, 한민박, 한만중, 한날, 한기원, 한경회, 하혜영, 하정호, 하인호, 하위정, 하승우, 하승수, 하승배, 하쌍봉, 하고윤, 편화선, 탁동철, 최희성, 최환근, 최현정, 최현미a, 최현미b, 최탁, 최창기, 최진규, 최주연, 최종순, 최종민, 최정윤, 최정아, 최인섭, 최은희, 최은정, 최은수, 최은숙a, 최은숙b, 최은영, 최윤미, 최원희, 최옥기, 최영식, 최완영, 최연정, 최연영, 최애리, 최승훈, 최슬빈, 최선영a, 최선영b, 최부선, 최보람, 최병우, 최발해, 최미영, 최미선, 최미나, 최미경, 최문정, 최문선, 최동혁, 최대현, 최기호, 최광용, 최광락, 최고봉, 최경미, 최경련, 채효경, 채현숙, 채종민, 채옥엽, 차용훈, 진현, 진주형, 진유미, 진용용, 진영효, 진영준, 진수영, 진만현, 진낭, 지풍주, 지향수, 지정든, 지은미, 지윤경, 지수연, 주중식, 주수아, 주숭영, 주경희, 조회정도, 조희정, 조향숙, 조향미, 조해수, 조진회a, 조진희b, 조진식, 조지연, 조중재, 조근현, 조주원, 조정희, 조인과, 조용현, 조은경, 조은실, 조원배, 조용진, 조영현, 조영옥, 조영실, 조영련, 조어은, 조여경, 조수진, 조성희, 조성진, 조성실, 조성대, 조선주, 조석현, 조석영, 조상회, 조미라, 조문경, 조두형, 조경원, 조경아, 조경진, 조경삼, 제남모, 정효영, 정회선, 정휴미, 정현윤, 정현주a, 정현주b, 정현숙b, 정혜리, 정혜효, 정혜진, 장혜경, 장현주, 장주섭, 장종성, 장재화, 장인수, 장은하, 장은체, 장은미, 장윤영, 장양희, 장시준, 잠슬기, 장소라, 장선영, 장선아, 장서준, 장상욱, 장병학, 장근영, 장근, 임혜정, 임현숙, 임향신, 임한철, 임지영, 임중혁, 임종심, 임정은a, 임정은b, 임진수, 임성빈, 임성무, 임선영, 임상진, 임명택, 임동현, 임덕연, 임금욕, 이희옥, 이화옥, 이호진, 이혜정, 이혜순, 이해원, 이형민, 이현주a, 이현종, 이정호, 이종율, 이현, 이혁규, 이향수a, 이향숙b, 이한진, 이태영a, 이태영b, 이태규, 이충익, 이충근, 이초록, 이창진, 이진희, 이진주, 이진숙, 이지혜, 이지현, 이지향, 이지영a, 이지영b, 이지연, 이준구, 이주회, 이주탁, 이주영, 이준전, 이종은, 이정희a, 이정희b, 이정희, 이정호, 이정용, 이정연, 이정아, 이재형, 이재익, 이재두, 이장용, 이인사, 이은희, 이은주, 이은주a, 이은구, 이은경, 이은율, 이은숙, 이은경, 이윤주, 이윤엽, 이윤승, 이윤선, 이윤미, 이윤미b, 이윤경, 이유진, 이월녀, 이원념, 이용환, 이용식, 이용상, 이용기, 이영화a, 이영화b, 이영호a, 이영혜, 이영주a, 이영주b, 이영선, 이연진, 이연주, 이연수, 이애영, 이아리마, 이수현, 이순태, 이순호, 이숭훈, 이승호, 이승영, 이승민, 이승아, 이슬기, 이순엽, 이수정, 이소형, 이성원, 이성수, 이성구, 이선회, 이선표, 이선용, 이선영, 이선애, 이선미, 이상훈, 이상직, 이상원, 이상영, 이상미, 이상대, 이상간, 이분자, 이보선, 이보라, 이병준, 이병은, 이범희, 이민재, 이민아, 이민숙, 이민수, 이민호, 이미옥, 이미연, 이미숙a, 이미숙b, 이미라, 이미리, 이명환, 이동훈, 이동철, 이동준, 이동빈, 이동갑, 이기재, 이도정, 이덕주, 이남숙, 이남영, 이나경, 이기리, 이근희, 이근철, 이근준, 이근영, 이균호, 이교열, 이관형, 이계삼, 이경욱, 이경언, 이건진, 이갑순, 윤홍은, 윤지형, 윤중원, 윤영훈, 윤영인, 윤영백, 윤어강, 윤승용, 윤식, 윤상학, 윤병일, 윤규식, 육진주, 육선혜, 유효성, 유은지, 유은아, 유영길, 유성회, 유상주, 유란회, 유근자, 위양자, 원지영, 원종국, 원은희, 원선회, 우장우, 우지영, 우완, 우성조, 우윤오, 오혜원, 오혜숙, 오현진, 오중근, 오정희, 오정분, 오은정, 오은경, 오윤수, 오유진, 오승훈, 오세희, 오세연, 오세란, 오상철, 오명환, 오동석, 오경숙, 염정화, 염정신, 여희영, 여태전, 엄장호, 엄지선, 엄재홍, 엄영숙, 엄기호, 엄귀영, 양희진, 양해은, 양지선, 양은주, 양은숙, 양은신, 양영희, 양애정, 양승호, 양상미, 양상진, 양찬원, 안진현, 안지현, 안효신, 안효혜영(명예조합원), 안찬원, 안지현, 안지혜, 안주진, 안준철, 안성선, 안정미, 안재성, 안용숙, 안용덕, 안옥수, 안순여, 안선영, 안상태, 안경화, 심합일, 심정아, 심은보, 심승희, 심수환, 심동우, 심규장, 심경일, 심희정, 신홍식, 신혜선, 신충일, 신장호, 신장복, 신중희, 신은정, 신은숙, 신은경, 신운근, 신영숙, 신숙경, 신소희, 신미옥, 신규애, 신관식, 송화림, 송해란, 송현주, 송정은, 송일수, 송재화, 송정미, 송용미, 송숙, 송근희, 손재덕, 손순호, 손진근, 손은정, 손의경, 손소영, 손미, 손명선, 성현주, 성현석, 성주연, 성유진, 성용해, 성열관, 설오주, 설원민, 선다라, 석경순, 서효필, 서혜진, 서혜원, 서정오, 서인선, 서은지, 서윤수, 서우철, 서예원, 서숭일, 서명숙, 서금자, 서근원, 서경훈, 서강선, 상형규, 복춘수, 변현숙, 변규식, 백봉미, 백현희, 백지연, 백인식, 백영호, 백기열, 배희철, 배희숙, 배진희, 배진복, 배주영, 배이상현, 배영진, 배아영, 배빈희, 배기표, 배미향, 배경남, 방은아, 방득일, 반영진, 박회진, 박회영, 박효정, 박효소, 박해조, 박해숙, 박형진, 박형철, 박현희, 박현주, 박현순, 박현수, 박현선, 박춘배, 박철호, 박진환, 박진수, 박진수, 박지교, 박지희, 박지홍, 박지인, 박지선, 박지나, 박준희, 박준영, 박종호, 박조건형, 박정희, 박정아, 박정미, 박재현, 박정순, 박영범, 박유현, 박유회, 박용주, 박용미, 박영애, 박영실, 박영민, 박영대, 박신자, 박석영, 박수진, 박수현, 박소영a, 박소영b, 박성희, 박성현, 박성진, 박성남, 박성연, 박성연, 박선희, 박상준, 박복선, 박범이, 박미영, 박미희, 박미경, 박미경, 박래춘, 박동현, 박동준, 박덕수, 박대성, 박나실, 박길제, 박광식, 박고행준, 박계도, 박경회, 박경주, 박경아, 박경숙a, 박경숙b, 박건형, 박진기, 민형주, 민천홍, 민애경, 민병성, 미류, 문혁순, 문지숙, 문지훈, 문지호, 문용석, 문순옥, 문수현, 문수경, 문세이, 문실철, 문미정, 문명운, 모은정, 모영화, 명수민, 마연주, 마승희, 유형우, 유장노, 유지남, 유재황, 유원정, 유우훈, 유영애, 유명숙, 유경희, 도정철, 도인성, 노혜경, 노영민, 노영민, 노상정, 노미화, 노명진, 노경미, 남호옥, 남주형, 남유미, 남유경, 남혜린, 남선우, 남미자, 남동혁, 남영, 나금화, 김훈태, 김효순, 김환희, 김규, 김규빈, 김혜민, 김해관, 김형영, 김형렬, 김현진a, 김현주, 김현조, 김현영a, 김현영b, 김현숙, 김현진, 김헌택, 김해경, 김필임, 김태정, 김태욱, 김순성, 김장진, 김진희a, 김진희b, 김진영, 김진, 김지현a, 김지현b, 김지영, 김지연a, 김지미, 김지광, 김중희, 김준희, 김준산, 김주식, 김주나, 김종련, 김종식, 김정희, 김정숙, 김정실, 김정섭, 김정상, 김정기, 김정규, 김재황, 김재원, 김재일, 김장환, 김인순, 김인덕, 김은희, 김은희a, 김은희b, 김은주, 김은진, 김은정, 김은수, 김은실, 김은숙, 김은규, 김은정, 김용장, 김용주a, 김용주b, 김용수, 김유미, 김유수, 김유, 김윤경, 김용영, 김영회, 김용반, 김영은, 김옥호, 김영희, 김영해, 김영숙, 김영석, 김영석c, 김영인, 김영은, 김영인c, 김영기, 김영선, 김영경, 김소회a, 김애령, 김시내, 김규순, 김순희, 김순현a, 김순현b, 김수진, 김수간, 김수정a, 김수정b, 김수정c, 김수경, 김수경, 김송회a, 김송회b, 김소영, 김세호, 김성진, 김성숙, 김성수, 김성수, 김성산, 김선군, 김선정, 김선경, 김석현, 김석준, 김석귀, 김상회, 김상정, 김상일, 김상숙, 김상남, 김분석, 김보현, 김병훈, 김병섭, 김방년, 김민회, 김민제, 김민정, 김민수a, 김민수b, 김민곤, 김미향a, 김미향b, 김미정, 김미숙, 김묘영, 김묘선, 김명회a, 김명섭, 김목성, 김동현, 김동춘, 김동일, 김동이, 김도수, 김대섭, 김다리, 김다영, 김나리, 김기오, 김기연, 김규태, 김규리, 김광명, 김고종호, 김경호, 김경일, 김경연, 김경연, 김경아, 김경숙a, 김경숙b, 김개가영, 김가수, 김기훈, 기호회, 기형훈, 기세라, 금현진, 금현옥, 금명순, 권혜영, 권현영, 권재숙, 권지영, 권이근, 권우정, 권성태, 권명옥, 국찬식, 구회숙, 구자수, 구수연, 구본희, 구미숙, 쨍이눈, 광훈, 곽혜영, 곽현주, 곽진경, 곽노현, 과노근, 곽경이, 공혁, 공은미, 공영아, 고효선, 고춘식, 고은정, 고은미, 고유하, 고우현, 고영주, 고영아, 고병헌, 고미자, 고민경, 경현주, 강태식, 강희, 강이진, 강은정, 강영구, 강순원, 강수미, 강수돌, 강성효, 강성규, 강선희, 강석도, 강서형, 강병용, 강민정, 강금영, 강곤, 강경회, 강경모

※ 2014년 11월 24일 기준 1,035명

* 이 책의 본문은 재생 용지를 사용해서 만들었습니다.
* 자원 재활용을 위해 표지 코팅을 하지 않았습니다.